바로 곁에 라캉

바로 곁에 라캉

라캉으로 현대 소비문화 읽기

박정자 지음

기파랑 에크리Ecrit

에드거 앨런 포

탐정소설에서부터 시작해 보자. 미국 소설가 에드거 앨런 포(Edgar Allan Poe)의 『도둑맞은 편지(The Purloined Letter)』가 재미있을 듯하다.

한국의 독자들에게는 추리소설 『검은 고양이』의 작가 정도로만 알려져 있는 포는 사실 「갈가마귀」 같은 어둡고 아름다운 시를 쓴 시인이고, 고급의 인문학적 상상력을 소설 속에 녹여 낸 천재적 작가다. 단편 『검은 고양이』가 너무나 친숙하여 그를 20세기의 작가로 알고 있는 사람들도 꽤 많지만 실제로는 1809년에 태어나 1849년에 죽은, 200년 전 사람이다. 추리문학이라는 새로운 장르를 도입함으로써 현대문학의 새로운 지평을 연 것도 포이다. "문학작품이란 작가의 영감에 의존한 산물이라기보다는 치열한 노력의 산물"이라는 새로운 문학론을 제시하여 당대 낭만주의 사조의 허위의식을 한꺼번에 날려 보낸 문학이론가이기도 하다. 고작 40년의 생애 동안 이처럼 많은 일을 했다는 것이 놀랍다.

　19세기 프랑스의 상징주의 시인 보들레르(Charles-Pierre Baudelaire, 1821~1867)는 포의 소설들을 읽고 크게 감명받아 『검은 고양이』를 비롯, 『군중 속의 남자』, 『도둑맞은 편지』 등을 손수 프랑스어로 번역했다. 동시대 러시아의 문호 도스토옙스키(Fyodor Mikhailovich Dostoevskii, 1821~1881)와 프랑스의 시인 스테판 말라르메(Stéphane Mallarmé, 1841~1898)도 포의 천재성에 매료되고 열광하여 크게 영향을 받았다.

　포의 단편소설들은 주로 음울하고 기괴하고 광기와 환상으로 가득 차 있지만 한편으로는 냉철한 지적 게임의 쾌감을 주는 작품도 있다. 『도둑맞은 편지』가 대표적이다. 100여 년 후 정신분석학자 자크 라캉(Jacques Lacan, 1901~1981)이 이 소설을 세밀하게 분석하여, 자기 이론의 예시를 위한 우화(寓話)로 사용하였다. 보들레르가 포의 문학성을 유럽에 알렸다면, 라캉은 포의 철학성을 세계에 널리 알렸다.

『도둑맞은 편지』

　소설은 궁중의 내실에서 분실된 편지에 관한 이야기다. 포의 소설이라 탐정소설인 줄 알지만, 특이하게 이 소설은 탐정소설의 온갖 규칙들이 처음부터 의도적으로 제거되어 있다. 오로지 도둑맞은 편지를 찾는 것과 그것을 반환하는 것만을 다루고 있을 뿐, 범죄의 동기, 범죄에 쓰인 도구와 행위, 죄인을 찾아내는 데 필요한 절차, 유죄를 입증하기 위한 방법 등이 모두 생략되어 있다.

스토리는 아주 간단하다. 누군가가 편지 바꿔치기를 통해 중요한 편지를 도둑질해 갔다는 것이 범죄행위의 전부이다. 그 범죄를 저지른 자가 누구이며, 편지를 도둑맞은 사람에게 미칠 영향이 무엇인지도 소설의 처음부터 이미 다 명확하게 밝혀져 있다. 탐정소설이라면 마땅히 풀어야 할 문제들이 이미 다 해결되어 있는 셈이다.

사건은 어떤 고귀하신 분이 궁중의 내실에 혼자 앉아 편지를 읽고 있는 장면에서 시작된다. 마침 또 다른 고귀한 분이 들어오자 첫 번째 고귀하신 분은 당황해 편지를 서랍 속에 넣으려 했지만, 오히려 그게 이목을 끌까 봐 그냥 무심한 척 편지를 테이블 위에 그대로 펼쳐 놓았다. '뒤팽' 탐정에게 이 사건의 전말을 이야기하면서 경찰국장 'G'는 피해자를 특정하지 않고 그냥 '고귀하신 분'이라고 말했다. 그러나 우리는 첫 번째 고귀하신 분이 왕비, 두 번째 고귀한 분은 왕이라는 것을 알 수 있다. 작가가 '내실'을 royal boudoir(왕궁의 내실)라고 썼기 때문이다. 포가 이 소설을 쓴 것은 1844년이고, 소설 속 시간과 장소는 18××년 파리이므로, 아마도 시대는 프랑스의 7월 왕조시대(1830~1848)인 것 같다.

왕비가 짐짓 편지를 그대로 편 채 책상 위에 놓아 둔 것은, 왕이 편지를 보게 되면 왕비의 명예와 안전에 큰 손상이 가해지기 때문이다. 다행히도 왕은 눈치를 채지 못했다. 그러나 왕과 함께 들어온 'D장관'의 살쾡이(lynx) 같은 눈은 피할 수 없었다. 그는 왕비의 당혹스러운 안

색을 보고 대뜸 그 편지에 무슨 비밀이 있다는 것을 알아차렸다. 교활하고 눈치 빠른 그는 자기 주머니에서 비슷한 서류를 하나 꺼내 문제의 편지 옆에 나란히 놓고, 나중에 왕비의 편지와 슬쩍 바꿔치기해 가지고 갔다. 눈앞에서 장관의 계략에 완전히 당한 왕비는 물론 그것을 막을 수는 없었다. 왜냐하면 바로 그 순간 옆에 있는 왕이 눈치채면 일이 커지기 때문이다.

편지의 내용이 무엇인지, 발신인이 누구인지 소설에는 전혀 언급이 없다. 독자는 막연히 왕비가 불륜의 연애를 하고 있고, 편지의 발신자는 그녀의 연인이라고 짐작할 뿐이다. 그러나 우리가 너무 TV 연속극의 막장 드라마에 익숙해 있어서 그렇지, 그것은 연애편지가 아니고 공모나 정치적 배반의 편지, 혹은 특별한 임무의 편지일 가능성도 있다. 나중에 편지를 되찾아오는 데 성공한 뒤팽이 왕비와 자신은 같은 정치적 성향을 가지고 있으며, 자신의 행동은 왕비가 속한 당의 당원으로서 한 행동이라고 말하고 있기 때문이다.

편지를 훔친 의도에 관해서도 우리는 단지 이 편지가 제3자의 손에 들어가면 정치적 목적에 사용될 수 있어서 위험하다는 정도만 알고 있다. 편지를 가지고 있음으로 해서 생기는 권력은 모든 이해관계자들을 능가할 만큼 대단한 것인 듯하지만, 소설은 여전히 편지의 내용에 관해 아무것도 이야기해 주지 않는다.

소문이 날 위험을 무릅쓰고 왕비는 도난당한 편지를 찾아 달라고 G경찰국장에게 은밀하게 수사 의뢰하였다. 경찰관들은 D장관이 밤

새 집을 비워 두는 습관을 이용해 집과 주변 건물들을 8개월 동안 샅 샅이 뒤졌다. 비밀 서랍을 찾아내고, 책상 뚜껑을 뜯고, 의자의 쿠션을 바늘로 찔러 보고, 의자 다리 속에 무엇을 넣었는지 자세히 조사하고, 거울 테두리와 책의 제본 상태까지 샅샅이 뒤졌다. 집의 전 면적을 여 러 구간으로 나누어서 세밀한 자로 1라인의 50분의 1까지 조사했다. 그 어느 곳도 수색자의 눈을 피할 수 없었다. 그런데도 편지는 발견되 지 않았다.

이토록 우둔할 수가 없다. 거의 코믹한 지경이다. 그들이 실패한 것 은 자기들이라면 감추었을 만한 곳을 수색했을 뿐, 더 이상의 상상력 을 발휘하지 못했기 때문이다. 엄밀한 과학 정신에 대한 패러디 같기 도 하다. 과학 이론은 사물에는 정확히 적용되지만 인간의 문제에서는 전혀 힘을 쓰지 못한다는 이야기, 또는 디테일과 이론에만 집착하면서 본질적 목표는 전혀 이루지 못하는 관료주의의 폐해를 연상시키기도 한다.

수많은 탐정소설과 스파이 영화를 섭렵한 우리 현대인들은 물론 장 관이 자신의 손이 미치는 가까운 곳에 편지를 감추어 두었을 것이라고 쉽게 추측할 수 있다. 그러나 때는 지금으로부터 200년 전의 파리다. 편지 찾기에 실패한 G경찰국장은 결국 천재 탐정 뒤팽에게 5만 프랑 의 사례금을 제시하며 수사를 의뢰한다.

그리고 마침내 뒤팽은 편지를 찾아낸다.

거울 이미지

원초적 장면이 두 번 반복된다. 반복 충동이라고 할 수도 있겠다.

첫 번째는 D장관이 편지를 바꿔치기하는 장면이다. 평상시와 다름 없이 업무를 처리한 다음 장관은 문제의 편지와 비슷하게 생긴 종이 서류를 주머니에서 꺼내 읽는 척하다가 그 편지 옆에 바싹 대 놓았다. 그리고 재미나는 이야기를 좀 더 한 후, 한 번의 주저함도 없이 문제의 편지를 가지고 가 버렸다. 왕비는 편지 바꿔치기 현장을 눈앞에서 생생 하게 보았지만 물론 그것을 막을 수는 없었다. 왜냐하면 옆에 있는 왕 이 눈치채면 사태는 매우 위험해지기 때문이다.

두 번째는 뒤팽이 편지를 찾아낸 후 자기 편지와 원본 편지를 바꿔 치기하는 장면이다. 어느 날, 우연인 듯 장관 관저를 방문한 뒤팽은 초 록색 색안경을 끼고 방안을 샅샅이 살펴본다. 아주 더럽게 구겨져 있 는 편지에 시선이 멈췄을 때 뒤팽은 그것이 자기가 찾는 편지라는 것 을 알아차린다. 편지는 놋쇠 고리로 벽난로 한중간에 매달린, 아주 보 잘것없는 마분지 편지꽂이에 아무렇게나 던져져 있었다. 편지 봉투의 크기만 일치할 뿐, 편지가 총감이 설명한 것과는 판이하게 다르기 때 문에 뒤팽은 오히려 이것이 자기가 찾고 있는 편지라는 것을 확신하게 되었다. 다시 찾아올 구실을 만들기 위해 뒤팽은 실수인 듯 담배 케이 스를 테이블 위에 놓고 일단 장관의 저택을 물러나온다. 다음 날 그는 그 편지와 똑같은 가짜 편지를 가지고 다시 장관의 집을 방문한다. 마 침 창 밖 거리에서 소동이 일어나 장관이 창문 밖을 바라보는 사이 뒤팽은 왕비의 편지와 자신의 가짜 편지를 바꿔치기해서 아무 일도 없었던 것처럼 장관 저택을 떠난다. 바깥 소동은 물론 뒤팽이 미리 준비해 둔 가짜 사건이다.

장관이 훔쳤고 나중에 뒤팽이 되찾아온 편지는 G경찰국장이 뒤팽에게 묘사한 것과는 전혀 달랐다. 장관은 마치 옷을 뒤집어 입듯 훔쳐 온 편지의 안팎을 뒤집어 놓았다. 당시의 편지 접는 방식과 봉인 방식에 따라 새로운 주소를 적어 넣기 위한 여백을 남겨 놓는 일도 잊지 않았다. 새로운 주소는 장관 자신의 것이었는데, 그가 직접 써넣었는지 어쩐지는 모르지만 하여튼 매우 섬세한 여성의 필체로 씌어 있었다.

두 사람이 자신의 편지와 원래의 편지를 슬쩍 바꿔치기하는 행위는 마치 거울 영상과도 같다. 원래의 편지는 하나지만 바꿔치기한 편지는 둘이다. D장관의 편지와 뒤팽의 편지가 그것이다. 행위자도 둘이다. 첫 번째 행위자는 D장관이고 두 번째 행위자는 뒤팽이다.

뒤팽은 D장관의 편지꽂이에 있는 편지를 보자마자 그것이 자기가 찾던 편지라고 즉각 알아차렸다. 물론 그것은 G경찰국장이 자세하게 설명해 준 편지와는 근본적으로 달랐다. 경찰국장이 묘사한 편지는 봉인이 작고 붉은 색이며, 봉투에 쓰인 발신인의 이니셜 D는 필체가 두드러지게 대담하고 분명하다고 했다. 그러나 장관의 편지함에 들어 있는 편지는 봉인이 크고 검었으며, S공작 가문의 문장(紋章)과 함께 이니셜 D가 작고 붉은 색의 여자 필적으로 씌어 있었다. 편의상 장관 저택의 편지를 '이것'이라 하고 경찰국장이 묘사한 궁중 내실의 오리지널 편지를 '저것'이라고 불러 보자. 그러면 이것은 봉인이 크고 검은색, 저것은 봉인이 작고 붉은색이다. 이것은 이니셜 D가 작고 붉은색의 여자 필적인데, 저것은 두드러지게 대담하고 분명한 필체다. 서로 대조적인 크기와 색깔, 이건 완전히 거울상(像)의 좌우대칭을 암시하고 있지 않은가. 똑같은 장면과 행위가 마치 거울처럼 반복되었다는 것도 알아볼 수 있다. 편지 바꿔치기 행위가 반복되었다고 해서, 최초의 것과 반복된 것이 똑같으라는 법은 없다. 거울에 비친 상이 현실의 실재와 똑같아 보여도 좌우대칭은 달라져 있듯이, 모든 반복(repetition)은 결코 동일성(identity)이 아니기 때문이다.

편지를 보낸 사람은 이제 자신의 메시지를 전도(轉倒)된 형태로 다시 받게 될 것이다. 도난당한 편지는, 다시 말해 '의미의 지연'으로 고통을 겪고 있는 편지는, 종국에는 그 목적지에 도달할 것이기 때문이다.

세 개의 시선

편지 도난사건에 연루된 행위자는 5명이고, 세 가지 시선을 구조화시키는 것은 세 개의 계기들이다. 왕에게 들키지 않도록 왕비는 편지를 드러내 놓고 감추는 방식을 취했고, D장관이 그 허를 찔러 편지를 도둑질해 갔으며, G경찰국장이 그 편지를 찾으려 했으나 못 찾고 결국 뒤팽에게 부탁했으며, 이번에는 호기심 많은 뒤팽의 눈으로부터 편지를 보호하기 위하여 D장관은 그가 이전에 왕비의 허를 찔렀던 방식을 똑같이 사용했다. 즉, 편지가 보이도록 그대로 내버려 두는 것이다. 경찰이 편지를 숨기는 방식을 역으로 흉내 내어 숨길 것이 없는 것처럼 행동한 것이다. 모방하고 싶은 유혹도 작용했을 것이다.

그러나 여기서 그는 자신의 모습을 인식하지 못했다. 죽은 체하는 짐승처럼 허구적인 이중관계에 놓인 그는, 자기는 보고 있지만 다른 사람은 자기를 보지 못할 것이라는 기만적인 상황에 사로잡혀 있었다. 그러나 실제로는 타자가 그를 지켜보고 있었다.

장관은 경찰이 자신의 집을 수색하도록 내버려 두는 것이 오히려 자기를 방어하는 것이라는 것을 알고 있었다. 그래서 그는 일부러 집을 비워 경찰들이 완전히 수색할 수 있도록 도와주었다. 그러나 수색을 벗어나는 지점은 더 이상 안전지대가 아니라는 사실을 깨닫지 못했다. 그는 매우 숙련되고 영리했지만 결국은 제 꾀에 스스로 넘어가고 말았다.

『도둑맞은 편지』에는 서로 다른 종류의 세 가지 시선이 있다.

첫 번째는 아무것도 보지 못하는 시선이다. 왕은 눈앞에 편지가 놓여 있어도 그것이 매우 위험하고 민감한 편지라는 것을 알아차리지 못했다. 그는 '보지 못하는 시선'이었다. 장관의 저택을 수색하는 경찰국장과 경찰관들의 시선도 마찬가지다. 장관의 편지함에서 편지를 꺼냈다 할지라도 그들은 그것이 문제의 편지라는 것을 알 수 없었을 것이다. 더럽고, 구겨져 있고, 찢겨 있어서 그들이 찾는 것과 너무나 달랐기 때문이다. 그들도 '보지 못하는 시선'이었다.

두 번째는, 첫 번째 시선이 아무것도 볼 수 없으니 자신이 숨겨 놓은

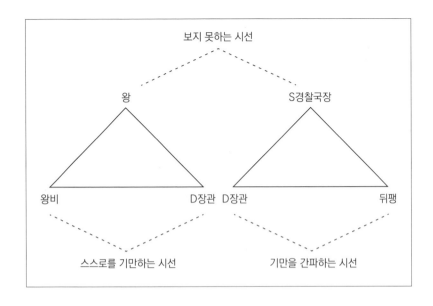

것이 드러나지 않으리라 여기며 '스스로를 기만하는 시선'이다. 왕비의 시선이 여기에 속하고, 후에 장관의 시선이 여기에 편입된다.

세 번째는 '이 기만을 간파한 시선'이다. 누구나 볼 수 있도록 방치해 두는 것이 오히려 진정으로 숨기는 것이라고 믿는 앞의 두 시선의 전략을 꿰뚫어보는 시선이다. 처음에는 장관이, 그리고 나중에는 뒤팽이 여기에 속한다.

그러니까 두 개의 삼각형이 있다. 첫 번째는 왕이 최상부의 꼭짓점이고 왕비와 장관이 밑변 양쪽의 꼭짓점에 위치해 있는 삼각형이다. 두 번째는 경찰국장이 최상부의 꼭짓점, 장관과 뒤팽이 밑변 양쪽의 꼭지점을 형성하고 있는 삼각형이다. 왕과 경찰국장은 아예 '보지 못하는 시선'이다. 그러므로 두 삼각형의 꼭짓점을 맹점(盲點)이라고 명명해도 좋겠다. 그러나 두 삼각형의 각기 왼쪽 꼭짓점에 있는 왕비와 장관은 '보려 하지 않는' 시선이다. 보려 하지 않으니 보지 못하고, 자기 눈에 안 보이니 딴 사람들도 못 볼 것이라 생각하면서 자기가 타인들을 속이고 있다고 믿는 시선이다. 마지막으로, 두 삼각형의 각기 오른쪽 꼭짓점에 있는 장관과 뒤팽은 왕비와 장관의 '드러내 놓은 척하고 감추기' 전략을 간파하고 그들의 자기기만을 조롱하며 승리를 거두는 제 3의 시선이다.

이 세 개의 시선은 지도에서 지명을 찾는 놀이를 하는 게임과도 비슷하다. 지도를 펼쳐 놓고 진행자가 도시나 지역의 이름을 부르면 가장 빨리 찾아낸 참가자가 이기는 게임이다. 참가자들은 지도에서 작은 글자의 지명은 잘 찾아내다가도, 정작 지도 한끝에서 다른 끝까지 걸쳐 있는 큰 글자 지명은 못 찾아낸다. 이 글자는 너무 커서 도리어 사람의 눈에 띄지 않기 때문이다. 그 거대한 글자를 라캉은 '거대한 여인의 육체'라고 했다. 도난당한 편지도 장관의 저택을 가로질러 길게 뻗어 누워 있는 거대한 여인의 육체였다. 뒤팽은 이미 그것을 알고 있었고, 녹색 안경을 쓴 그의 눈이 편지라는 그 거대한 육체를 찾아낸 것이다.

제3의 시선은 타조가 적의 공격으로부터 자신을 보호하는 기술이라고 전해지는 이야기와 닮았다. 위협적인 상황 앞에서 타조는 적극적으로 거기에 대응하는 대신 오히려 제 머리를 모래 속에 파묻고 아무것도 보려 하지 않는다. 자기가 보지 못하므로 달려드는 포식자도 자신을 보지 못할 것이라 생각하고 마음 편하게 눈을 가리고 있다. 그러나 이 광경을 본 세 번째 타조가 가까이 와 모래 속에 머리를 처박은 타조의 꼬리털을 조용하게 뽑는다. '타조의 정치학(politique de l'autruche)'이라는 말이 여기서 생겨났다. 라캉은 타조(autruche)와 타자(autrui)의 발음이 비슷하다는 데 착안해 이를 '타자의 정치학(politique de l'autrui)'이라고도 불렀다. 타자의 시선은 언제나 우리를 보고 있다는 이야기다. 프랑스어 '오트뤼슈/오트뤼', 한국어 '타조/타자', 프랑스어와 한국어가 비슷하게 나아가는 드문 경우다.

중국 고사에도 비슷한 이야기가 있다. 전한(前漢) 때 유향(劉向)이 지은 『설원(說苑)』의 「정간(正諫)」에 나오는 "당랑포선, 황작재후(螳螂捕蟬, 黃雀在後)"가 그것이다. 높은 나뭇가지에 매미가 앉아서 울고 있고, 그 뒤에서 사마귀 한 마리가 매미를 잡아먹으려고 노리고 있는데, 그 뒤에서 참새 한 마리가 그 사마귀를 잡아먹으려 하는 상황이다.

타조와 사마귀의 이 비유들은 세 부류의 정치적 입장과 대비되면서 정치인의 오만을 경계하는 훌륭한 격언이 되었다. 타조가 모래 속에 머리를 처박았다는 것은 사태를 있는 그대로 '보려 하지 않는다'는 것, 즉 객관적 인식을 거부한다는 것이고, 이렇게 '보기를 거부한' 타조는 결국 제 꾀에 넘어가 그 어리석음의 대가를 혹독히 치른다는 이야기다. 이 우화가 어찌 정치에만 적용되겠는가. 자신이 전공한 분야만 옳다고 자만하는 두 부류의 학자들 뒤로 그들이 하찮게 생각하는 군소 전공자가 조용히 다가와 그들의 논점을 보기 좋게 무력화시키는 일도 있을 것이다. 이것은 세상의 모든 교만을 경계하는 우화다.

편지의 내용이나 발신인은 전혀 중요하지 않고 다만 편지가 발생시키는 모순만이 중요하다면, 편지는 읽는 것이 아니라 그것을 '사용'하는 것만이 중요하게 된다. 더 정확히 말하면, 편지를 사용하는 것이 아니라 '소유'하는 것이 권력을 발생시킨다. 일단 편지를 사용하고 나면 권력은 사라지기 때문이다. 슬라보예 지젝이 자주 얘기하는, "권력은 행사되지 않을 때 가장 힘이 있다"는 가설을 연상시킨다. 또는 "공개되면 더 이상 정보가 아니라 데이터일 뿐"이라는 디지털 시대의 격언과도 맥이 닿아 있다.

그렇다면 권력의 관점에서, 편지를 사용하는 것은 어디까지나 잠재적 형태가 될 수밖에 없다. 즉, 편지는 순환 과정 속으로 들어가야만 힘을 갖게 된다. 끊임없이 순환하는 성질을 가지고 있고 자체의 고유한 내용은 없는 텅 빈 기호, 이것이 바로 기표(記表, signifiant)다. 포의 소설에서 편지는 기표가 되었다.

기표가 된 편지

『도둑맞은 편지』는 특이하게 서사가 대화로만 소개되는 소설이다. 장관이 왕비의 편지를 훔쳐 가고, 경찰국장이 장관의 저택을 샅샅이 수색하고, 뒤팽이 장관과 똑같은 바꿔치기 수법으로 편지를 다시 훔치고 등등의 사건들 그 어느 것도 생생하게 직접 우리 눈앞에 현실처럼 재연되지 않는다. 경찰국장, 뒤팽, 그리고 작중 화자, 세 사람의 대화

속에서 마치 소문처럼 이야기로만 전해질 뿐이다. 그런 점에서 이 소설은 '언어'의 문제를 다루는 작품이라고도 할 수 있다. 그리고 언어 중에서도 '기표'의 문제다. 왜냐하면 여기서 편지는 방향을 벗어나 자기 고유의 행로를 가지고 있기 때문이다. 이러한 특성은 편지가 기표라는 것을 확실하게 입증해 준다.

소설에는 왕비, 장관, 경찰국장, 뒤팽 등 4명이 등장하지만 그 누구도 주인공은 아니다. 도난당한 편지 자체가 주인공이다. 그런데 그 편지는 기표가 되었다고 라캉은 말한다. 그는 이 소설을 기표에 대한 우화로 본 것이다.

기표가 무엇인지 알아보기 전, 우선 편지(letter)란 무엇인가를 알아보자.

'letter'의 다양한 의미

가택을 몇 개의 영역으로 나누어 아주 미세한 부분도 그냥 넘어가지 않도록 철저하게 조사한 수사관들의 행동은 결과적으로 아주 우스꽝스럽게 되어 버렸다. 그들이 실패한 것은, 편지를 다른 대상들과 쉽게 구별할 수 있다는 가정 아래 그것을 대상화하여 일을 추진했기 때문이다. 우리는 흔히 대상(object)을 주체(subject)와 대립되는 개념으로만 생각하지만, 철학에서 대상이란 그냥 독립적 사물을 가리키기도 한다.

우리 주변에 실재하는 모든 물건들은 아무리 자리 변동이 있어도 늘 같은 모습이다. 지금 내 앞에 있는 나무 책상은 내 사무실에 있어도 책상이고, 혹시 당근마켓에서 팔려 다른 집에 가더라도 여전히 똑같은 책상이다. 그러나 편지니 책이니 문학이니 등 언어와 관계있는 것은 그렇지 않다. 그것들은 제자리에 있지 않으면 숨겨져 있는 것과 마찬가지다. 도서관의 책은 서가(書架) 번호에 일치하는 칸에 꽂혀 있지 않으면 없는 책으로 여겨진다. 없거나, 있는데 옆 선반이나 다음 서가에 꽂혀 있거나 마찬가지다. 분명 가시적(可視的), 물질적 대상 그대로인데도 책은 제자리에 있지 않으면 숨어 있는 책이 된다. 편지도 마찬가지다. 내용은 물론 물질성의 측면에서도 편지는 위치가 달라지면 뜻도 달라진다. 편지를 뜻하는 영어 'letter'와 프랑스어 'lettre'의 다양한 의미들이 그것을 은유한다.

letter에는 편지 말고도 여러 개의 뜻이 있다. 문자·글자라는 뜻도 있고, 문학·학문·교양의 뜻도 있다. 영어 'a man of letters'는 학식이 높은 학자이고, 'to the letter'는 '글자 그대로'라는 뜻이다. 프랑스어에서도 'à la lettre'는 '문자 그대로'이고, "Vous avez des lettres"는 "당신은 학식이 높으십니다"라는 말이며, 'lettre en souffrance'는 '우체국에서 주인이 찾아가지 않은 편지'다. 이렇게 letter/lettre는 확실하고 고정적인 의미를 가지고 있지 않다.

그렇다면, 이건 말장난이지만, 편지(letter)는 모든 곳에 있을 수 있지만 동시에 아무 곳에도 없다. 여느 객관적 대상들과는 다르게 이것은 어느 곳에서든 현전하면서 동시에 부재한다. 소설 속에서 도둑맞은 편지가 특정의 장소에 '존재한다' 아니면 '부재한다'고 똑 부러지게 한정되지 못하는 이유가 그것이다. 왕비의 편지는 없어졌다고 하지만 실상은 장관이 놓고 간 편지가 남아 있는데, 그것이 왕비의 편지인지 장관의 편지인지는 아무도 확인할 길이 없다. 장관의 저택에서 수색 작업을 펼친 경찰국장이 편지를 발견하지 못했다고 했지만 실상 편지는 그곳에 부재한 것이 아니라 엄연히 존재했으며 다만 그들이 찾아내지 못했을 뿐이다. 뒤팽이 결국 편지를 찾아냈지만 봉인과 발신인의 필체는 경찰국장이 묘사한 왕비의 편지와 다르다. 다른 일상적 대상과 달리 편지는 스스로를 드러내면서 동시에 감춘다. 그것은 있어야 할 곳에 없고 없어야 할 곳에 있다.

전달의 기능만이 편지의 임무라고 한다면, 연애편지를 서로 돌려받는 이별의 관습은 필요 없었을 것이다. 또 편지가 단 하나의 정해진 의미만을 갖는다면 이 소설 속 고귀한 분들이 이처럼 야단법석을 일으키지도 않았을 것이다.

도둑맞은 편지가 존재하기 위해서는 우선 '그 편지가 누구의 것인가'라는 물음이 제기되어야 한다. 편지를 보낸 사람이 소유권을 가지고 있는가, 아니면 편지에 쓰인 수신인이 진정한 소유자인가? 그렇게 묻고 보면 소설 속 편지의 소유자는 애매하여 누구라고 특정할 수도 없다. 라캉이 'La lettre volée'라는 보들레르의 번역 제목이 적절하지 않다고 말한 것은 그래서이다. 도둑맞았다는 말은 이미 편지의 소유자를 전제로 하기 때문이다. 라캉은 보들레르가 포의 원제 속 'purloined'를 'volée'라고 번역함으로써 포를 배신했다고까지 말한다. 원제 'the purloined letter'는 어원으로 볼 때 '행로가 지연된 편지' 또는 '자신의 길에서 벗어난 편지'가 더 적절한 표현이라는 것이다.

옥스퍼드 사전에 따르면 purloin이란 말은 앵글로프랑스어로서, pur-는 '~ 앞에'라는 뜻의 라틴어의 pro에서 왔고, 고대 프랑스어 loigner는 장소를 지정하는 동사로 '~와 나란히 있다', '옆으로 제껴 놓다(put aside)', '일이 잘못되다'라는 의미가 있다. 그래서 포의 편지는 '자신의 길에서 벗어난 편지' 또는 '행로가 지연된 편지'이다. 우체국에서 쓰이는 용어로 바꾸면 a letter in sufferance인데, '미결중인', '중단된', '밀린'이라는 뜻의 sufferance는 원래 '고통'의 의미이다. 그렇다면 수취인에게 제대로 전달되지 않은 편지는 결국 '고통받는 편지'가 된다.

왕비는 편지를 도둑맞았다. 그러고 보니 그녀는 편지를 완전히 소유했던 것이 아니라 잠깐 손에 쥐고 있다가 도난당한 것이다. 그 이후 편지를 소유하게 되는 사람은 누구나 왕비처럼 편지를 완전히 소유하는 것이 아니라 잠깐 손에 쥐고 있는 입장에 처하게 된다. 아무나 편지를 소유할 권한이 있다고 말할 수 없는 것과 마찬가지로 편지의 수신인이 편지를 소유할 권한이 있다고 말할 수도 없다.

그러고 보면 포의 소설 『도둑맞은 편지』의 진정한 주제는 바로 편지이다. 왜냐하면 편지야말로 언제나 자신의 고유한 행로를 갖고 있지만 그 행로에서 벗어나 방향을 잃을 수 있기 때문이다. 편지의 이런 성질이 바로 기표다.

기표란 무엇일까? 은유와 환유는?

우리말로 기표라고 옮기는 '시니피앙(signifiant, 영 signifier)'은 기호언어학자 소쉬르(Ferdinand de Saussure, 1857~1913)가 처음 쓴 말이다. 라캉은 『도둑맞은 편지』의 주요 모티프인 '편지'가 기표를 닮았다고 했다. 어쩌면 이 소설 전체가 기표에 대한 문학적 알레고리인지 모른다.

말(음성언어)에서 기표는 소리 이미지이다. 우리가 책상, 꽃, 편지, 라고 발음할 때 그 소리들이 바로 기표다. 책상이라는 소리는 실제의 책상을 대신하고, 꽃이라는 소리는 실제의 꽃을 대신하며, 편지라는 소리는 실제의 편지를 대신한다. 이처럼 기표가 의미하는 개념이 바로 기의(記意, 시니피에signifié, 영어 signified)다. 모든 언어는 기표와 기의의 일치로 완성된다.

원시인의 최초의 언어에서는 기표 하나하나가 단 하나씩의 기의만을 갖고 있었을 것이다. 기표와 기의는 한 치의 오차도 없이 서로 딱 일치했을 것이다. 마치 수학의 분수 기호 y/x처럼 단출한 선(線) 하나와 그 위아래로 각기 하나의 기표(y), 하나의 기의(x)가 있었을 것이다(소쉬르는 분자 y를 기의, 분모 x를 기표로 적었으나, 라캉은 그 관계를 뒤집어 분자를 기표, 분모를 기의로 했다). 그러나 세월이 흐르고 언어와 사회가 발전해 감에 따라 하나의 기표가 반드시 하나의 기의만을 의미하지는 않게 되었다. 차츰 기표가 다른 기의 쪽으로 마구 '미끄러져' 가는 현상이 일어났다.

'꽃'이라는 말은 처음에는 꽃만을 가리켰지만 나중에는 예쁜 여자도 지시하게 되었다. '꽃'은 여자도 되고, 한 분야에서 가장 명망 높거나 잘나가는 사람을 가리키기도 한다. 따라서 이제 모든 기표와 기의는 짧은 줄을 사이에 두고 위아래로 (한 개념)/(한 단어)씩만 있는 게 아니라, 긴 횡선(橫線) 위에 무수한 기표가 있고, 그 선 아래에 무수한 기의가 있게 되었다. 그리고 그것들은 약간의 의미의 연관성만 있어도, 다시 말해 조그만 은유의 꼬투리만 있어도, 서로 밀착하여 새로운 기표를 만들어 낸다.

그렇다면 기표란 그 자체로 고정된 의미가 없고 끊임없이 의미가 변해 가는 빈껍데기의 표피라고 해도 괜찮겠다. 자리바꿈에 의해서만 스스로를 유지하는 이 기표의 성질이 바로 소설 속 편지와 닮았다. 편지의 의미를 지연시키는 환유의 과정은 또한 인간의 욕망과도 닮았다.

인간이 세계를 인식하고 이를 표명하는 방식은 유사성(similarity)을 바탕으로 하는 은유(隱喩, metaphor)와, 인접성(contiguity)을 바탕으로 하는 환유(換喩, metonymy)로 나뉜다. 은유가 서로 다른 속성을 지닌 두 차원 중 어느 한쪽을 상대편으로 치환하는 방법이라면, 환유는 동일한 차원 중 어느 한쪽을 상대편으로 치환하는 방법이다.

은유는 유사성 또는 상사성(相似性)에 근거한다. 예를 들어 "구름은 보랏빛 색지 위에 마구 칠한 한 다발 장미"라는 구절에서 '장미'는 구름의 메타포다. 다시 말해 '구름=장미'가 되었는데, 이것은 구름의 몽글몽글한 형태와 장미꽃잎의 겹침 형태가 유사하기 때문이다. 즉, 구름을 나타내기 위해 장미꽃을 가져온 것이다. 이처럼 은유란 '어떤 단어를 위한 다른 단어'다.

반면에 환유란 하나의 부분을 그 전체와, 또는 소유물을 그 소유자와 연결하여 사용하는 비유의 방식이다. 그러니까 어떤 구체적 담론의 동일 선상에 있는 두 기표들 사이의 관계다. '꽃-꽃병'처럼 세계와 세계 사이의 인접성을 근거로, 또는 '빵-양식'처럼 부분의 상을 전체의 상과 연관시킨다. '금은(金銀)'은 부(富)의 환유이며, '넥타이' 또는 '화이트칼라'는 직장인의 환유이다. '월 스트리트'는 뉴욕의 거리 이름이지만 금융회사가 많기 때문에 금융가라는 뜻으로 확장되었다. 월 스트리트라는 거리와 금융회사는 서로 인접해 있으므로 '월 스트리트'라는 말 한 마디로 금융가를 지칭할 수 있게 되었다. '다우닝가(街) 10번지'는 영국 총리와 관련된 모든 인접 개념 중의 하나이므로 그냥 영국 총리를 의미하게 되었다. 백악관은 미국 대통령이 거주하고 통치하는 곳이므로, '백악관'이라는 말 한마디로 미국 대통령의 모든 것을 나타내는 환유가 되었다. 이처럼 환유는 문화적 관습과 직결되어 있다. 따라서 관습이 바뀌면 해당 환유도 사라진다. 과거에 '동궁(東宮)'은 왕세자의 환유였다. '청와대'는 오랫동안 한국 대통령의 주거 공간이며 집무실이었기 때문에 한국 대통령을 의미했지만 대통령 집무실이 바뀜으로써 환유의 지위를 상실했다.

환유는 지표적(指標的, indexical)으로 작용한다. 환유의 지표적 작용은 매개된 현실을 있는 그대로 전달하는 것처럼 보이게 한다. 사진이 강력한 전달 수단이 되는 것은 이것이 대상을 그대로 재현하는 것처럼 보이기 때문이다. 그러나 사진에 담긴 것은 피사체의 일부분에 지나지 않으며, 여기에 자의적인 선택의 과정이 개입할 수밖에 없다. 이런 면에서 환유는 '먹구름-비', '연기-불' 같은 자연적 지표와 다른 차원을 갖는다. 그러나 환유는 자연적인 지표처럼 인지되어 '자연스럽고 당연한' 현실로 인식된다. 즉, 환유는 자신의 지표적 본질을 숨김으로써 사실성을 획득한다.

권력으로서의 기표

소설 속의 편지는 메시지의 기능이 전혀 부각되지 않았다. 편지의 내용은 결코 밝혀지지 않는다. 편지의 내용은 전혀 중요하지 않고, 그 편지를 소유한 사람을 변화시키고 역할을 뒤바꾸는 신비한 힘을 가졌다. 왕비-장관-경찰국장-탐정 사이를 빙글빙글 돌며 순간순간 배신과 예측 불가능성이 덧붙여지면서 편지는 중요한 것이 되고, 권력을 행사하는 수단이 되었다. 마치 순환 과정 속에 들어가야만 힘을 발휘하게 되는 것 같다. 자리바꿈을 통해 의미를 지연시키고, 끊임없이 이동하여 누구도 완전히 소유할 수 없는 것, 그것은 더 이상 편지가 아니라 기표다. 기표는 어느 것으로도 환원될 수 없는 특이한 것이며 근본적으로 결핍만을 드러내는 상징이다. '귀하신 분(왕비)'의 편지는 이미 자체의 메시지와는 아무 관계가 없는 것이 되었고, 누구에게도 속하지 않게 되었다. 편지의 수신인인 왕비조차 그것의 완전한 소유를 보장받지 못한다.

메시지가 더 이상 중요성을 갖지 못할 때 거기엔 기표밖에 남지 않는다. 기표란 단순히 메시지를 전달하는 기능적 역할로 환원되지 않는다. 이미 주어져 있는 의미를 폐기처분하고 스스로를 파괴해 버리면서 비로소 편지는 기표가 되었다. 소설 전체를 관통하여 편지는 '의미'로서 기능하는 게 아니라 '순수 기표'로서 순환한다. 그렇다면 이 소설의 진정한 주제는 편지가 된다.

그 편지를 사용하면 굉장한 권력을 얻을 텐데, 장관은 편지를 사용하지 않고 끈질기게 버티면서 시간을 끌었다. 망각하기 위해 스스로를 격리시키는 사람처럼, 장관은 편지를 사용하지 않음으로써 그것을 잊고자 했다. 그러나 신경증에서 드러나는 무의식처럼, 편지가 그를 잊지 않았다. 편지는 결코 그를 잊지 않았고, 그가 곤란 속에 빠트렸던 왕비의 경우처럼 이번에는 그를 변화시킨다. 이제 그는 편지에 굴복하게 되고 왕비처럼 편지에 사로잡힌다. 장관이 편지를 잊고 있어도 편지가 장관을 그냥 내버려 두지 않는다. 이렇게 해서 포의 편지는 어느 듯 욕망의 알레고리로 넘어갔다.

기표는 또한 사회적 직위 또는 지위의 은유이기도 하다. 일찍이 프로이트는 기표의 자리바꿈이 주체를 규정한다는 사실을 발견했다. 심리학적 자질들을 비롯하여 모든 것이 결국 기표의 행로를 따르면서 주체가 형성된다. 주체가 편지의 그림자 아래 들어오면 그는 편지와 꼭 닮은 인물이 된다. 결국 편지가 주체들을 소유하고 있다. 다시 말하면 기표가 주체를 지배하고 있다. 주체에 대한 기표의 우월성이다. 기표는 기의에 대해 우월성을 갖고 있을 뿐만 아니라 주체에 대해서도 우월성을 갖고 있다.

'지위가 사람을 결정한다'라는 세속적 격언이 바로 그것이다. 모든 지위가 주체를 결정하며, 그런 점에서 지위는 기표다. 왕에 합당한 자질의 인간이 따로 있는 게 아니라, 누구라도 왕이라는 기표를 얻으면 왕의 고귀함을 갖게 된다. 라캉은 "가장 고귀한 기표들, 예컨대 왕의 옷을 걸치자마자 얻게 되는 왕의 자리는 가장 터무니없는 바보의 상징이다"라고까지 말한다. 왕은 신성한 것의 속성인 애매모호함을 가지고 있지만, 궁극적으로는 우매한 인간 주체의 표상이라는 것이다. 라캉은 왕과 예언자만을 예로 들었지만, 현대의 대통령 혹은 모든 권력자들에게도 그대로 적용되는 얘기다.

편지는 여성의 기표

왕족이나 귀족 출신의 고귀한 여성들은 자신들이 갖는 매력의 많은 부분을 기표가 갖는 신비함에 빚지고 있다. '퀸(Queen)' 또는 '프린세스(Princess)'라는 기표만으로 이미 그 인격은 신비함에 감싸이는 것이다. 그런 점에서 포의 소설 『도둑맞은 편지』가 왕비와 편지를 소설의 주제로 삼은 것은 매우 의미심장하다. 소설 속의 편지는 단순한 편지가 아니라 '기표가 된 편지'인데, 더 나아가 그것은 여자를 나타내는 기호가 되었기 때문이다.

편지가 여성의 기표라니, 이건 도대체 무슨 이야기인가?

애초에 편지는 여왕의 사적인 비밀에 연루된 것이었다. 그런데 장관이 왕비의 편지를 훔치면서 결국 그는 왕비의 역할을 떠맡았고, 왕비와 동일시되었다. 왕비의 역할을 떠맡았을 뿐만 아니라 편지를 감추는 데 적합한 어둠까지도 모방했다. 왕비가 왕의 시선이 미치지 못하는 그림자 속에 편지를 감추었듯, 장관도 경찰국장의 시선이 미치지 못하는 그림자 속에 편지를 감추었다.

뒤팽이 경찰국장을 맞이하는 장면이 완전히 어둠 속에서 전개되고 있다는 게 예삿일이 아니다. 소설의 첫 문장은 이렇게 시작된다.

파리에 머물던 18××년 가을, 바람 부는 어느 저녁에 포부르 생 제르맹의 뒤노가(街) 33번지 4층에 있는 C. 오귀스트 뒤팽의 작은 서재에서 나는 그와 함께 명상과 해포석(海泡石) 파이프라는 이중의 사치를 즐기고 있었다. 적어도 한 시간 가량 우리는 깊은 침묵에 잠겨 있었다. 누군가 우연히 보았다면 우리들은 오직 방의 대기를 억누르는 담배 연기의 소용돌이에 정신을 잃고 있는 것처럼 보였을 것이다.

갑자기 문이 열리며 오래 알고 지내던 파리 경찰국장 G씨가 들어왔다. 우리는 어둠 속에 앉아 있었는데 손님이 들어오니 뒤팽은 불을 켜기 위해 일어났다. 그러나 경찰국장이 사무적인 일로 온 것이 아니라 내 친구의 의견을 묻기 위해, 아니 조언을 구하기 위해 방문했다고 말하자 뒤팽은 불을 켜려던 동작을 멈추며 말했다.

"숙고를 요하는 문제라면 어둠 속이 더 낫겠군."

소설의 부제를 '빛과 그림자'라고 해도 좋겠다. 어둠이 여성성의 상징으로 되어 있는 동양의 음양(陰陽)사상을 생각해 보면, 소설의 가장 중요한 첫 부분이 어둠으로 시작되었다는 것은 편지의 여성성을 암시하는 듯도 하다. 물론 어둠만으로 편지를 여성성과 관련시키는 것은 좀 무리가 있다. 어둠은 범죄까지도 포함해 모든 것을 감춰 주고, 밝음은 아무것도 숨김없이 모든 것을 까발려 보여 주기 때문에 모든 범죄자는 어둠을 선호하니까 말이다. 하지만 장관이 바꿔치기한 편지 봉투의 이니셜이 '작고 붉은 색의 여자 필적'이라는 부분에서 마침내 편지의 여성성이라는 의미작용이 분명해진다. 장관은 스스로에게 보낸 가짜 편지에서 편지의 발신자를 여성으로 상정하였다.

편지의 발신인도, 내용도 소개되지 않는다. 우리는 단지 왕비의 내실에 있던 편지에 적힌 주소의 필체를 장관이 즉시 알아보았다는 것과, 봉인이 S공작 가문의 문장이었다는 사실만을 알고 있다. 편지의 의도에 관해서도 우리는 단지 이 편지가 제3자의 손에 들어가 정치적 목적에 이용되면 매우 위험하다는 것만을 알고 있다. 편지를 가지고 있음으로 해서 생기는 권력은 모든 관계자들에게 치명적인 해를 끼칠 만큼 민감한 것인가 보다. 그런데도 소설은 편지의 내용에 관해서는 아무것도 이야기해 주지 않는다.

왕비가 그러하듯이 편지를 소유하게 되는 사람 그 누구도 편지를 완전히 소유하는 것이 아니라 잠깐 손에 쥐고 있는 입장이 된다. 편지를 잠깐 손에 쥔다는 것은 그것을 완전히 소유한다는 것과는 거리가 멀다. 편지의 수신인이 편지를 소유할 수 있다고 말하는 것은 왕이 갖는 특권을 침해하는 것이다. 이 상징계의 최종적 주인은 왕이기 때문이다.

편지는 연애편지 아니면 공모 혹은 배신의 편지일 수 있지만, 확실한 것은 편지가 왕에게 보여서는 안 될 내용을 포함하고 있다는 것이다. 왕은 이 이야기의 시발점이며 종착점이다. 애초에 왕이 없었다면 굳이 왕비가 편지를 슬쩍 감추는 일은 하지 않았을 것이고, 장관은 굳이 힘들게 그 편지를 훔쳐 가지도 않았을 것이다. 왕이 존재하지 않는다면 『도둑맞은 편지』라는 이 특이한 탐정소설 자체가 성립되지 않는다. 왕이 편지의 최종 수신자가 되는 것을 막기 위해 왕비는 편지 회수 작전에 나선 것이다.

왕비는 우아함과 권력을 동시에 구현하고 있는 존재다. 그녀가 그러한 특권을 누릴 수 있는 것은 왕과 명예로운 관계를 유지하고 있기 때문이다. 평범한 부부 사이와는 달리 그들의 관계는 모두가 정치적 관계다. 그 사이에는 권력이 개입되지 않은 어떤 형태의 사적인 의사교환도 불가능하다. 그런데 이 수상한 편지가 공개되면 명예롭고 정치적이던 관계가 와해되어 이제까지 왕비가 누려 오던 특권과 명예는 단숨에 땅에 떨어질 것이다. 편지의 존재는 왕비를 이제까지와는 다른 상징 연쇄 속에 위치시킬 것이고, 이 두 공간은 서로 양립할 수 없는 정반대의 세계다. 왕비는 편지를 감추지 않고는 군주와의 관계를 유지할 수 없게 되었다. 이것이 그녀가 필사적으로 편지를 되찾아 오려 하는 이유이다.

또 한편 편지는 '계약'과 밀접한 관계가 있다. 왕비가 누릴 수 있는 명예와 권력은 왕과의 결혼에서 나오는 것이고, 결혼이란 근본적으로 계약에 의존하고 있다. 지금 문제의 편지는 그 계약을 와해시키려 하고 있다.

여자와 계약과의 관계는 인류의 먼 기원에서부터 시작되었다. 근친상간 금지, 식인 풍습 금지가 문화의 기원이라는 것은 인류학의 기본 상식이다. 처음에는 같은 부족 안에서 한 사람의 가부장이 부족 내 모든 여자를 차지했다. 차츰 이 관습은 서로 다른 부족이 여자들을 교환하는 외혼제(外婚制)로 바뀌었고, 이 과정에서 계약이라는 형식이 자리잡기 시작했다. 외혼제의 시작과 함께, 다시 말해 계약이라는 관행의 시작과 함께 근친상간은 금기가 되었고, 계약은 문명의 기초가 되었다. 여자들은 계약상의 교환 대상이 되면서 동시에 법의 테두리 안에 들어오게 되었다. 계약이 맺어지기 전에 여성은 계약의 대상이 아니었지만, 법의 내부에 위치해 있는 존재도 아니었다.

생각해 보면 모든 결혼은 계약이다. 그중에서도 왕과 같은 고귀한 신분과의 결혼은 고도의 의무가 부과되는 계약이다. 계약을 통해 왕비는 기표를 획득했고, 그 기표를 통해 법의 세계, 상징의 세계로 진입하였다. 근원적으로 왕비는 법에 의해 기표의 위치를 수여받았다. 이 공간이 바로 계약의 체계이고, 법의 세계이며, 곧 상징계(the Symbolic)다.

그런데 지금 편지가 왕비의 지위를 위협하고 있다. 법의 상징인 왕에게 편지가 발각되면 계약관계가 위태로워지기 때문이다. 그녀는 왕과의 결혼이라는 계약을 통해 우아함과 권력이라는 상징을 획득했지만, 수상한 편지 한 통은 단숨에 그녀를 법에서 벗어나게 할 것이다. 편지로 인해 그녀는 계약을 파기당하게 될 위험에 처했다. 자신이 가진 힘을 유지하기 위해 그녀는 어둠 속에서 움직이지 않고 아무런 행위도 하지 않음으로써 마치 자신이 여전히 지배력을 가지고 있는 것처럼 위장한다. 그러나 장관의 살쾡이 같은 눈이 그것을 알아차렸다.

한편 자기의 공간을 떠난 왕비의 편지는 돌고 돌아 다시 상징계 속으로, 다시 말해 법의 세계 속으로 들어갔다. 뒤팽은 편지의 행로를 제대로 돌리는 데 성공했지만, 편지가 최종 배달된 주소는 결국 왕의 장소이기 때문이다. 이렇게 해서 편지는 다시 법의 질서 속으로 재편입되었다.

편지가 상징적 지위를 위태롭게 하는 것은 그것을 소유한 남자에게도 물론 마찬가지다. 왕이 모르는 편지가 존재한다는 사실은 왕이 갖는 특권을 침해하는 것이고, 왕이 갖는 위엄을 무시하는 것은 대역죄를 짓는 것이다. 도난당한 편지는 편지 소유자에게 벌을 내려 왕과 신하의 서약을 산산조각 낼 위험이 있다. 명예를 상실하고서야 얻어질 수 있다는 점에서 편지는 매우 불길하다. 이렇게 해서 하찮은 편지 한 장이 미스터리한 탐정소설의 주인공이 되었다. 그리고 또한 라캉의 철학을 이해하는 중요한 단서가 되었다.

필요, 요구, 욕망

자크 라캉(1901~1981)

자크 라캉은 정신분석학자다. 정신분석학을 철학, 언어학, 문학과 연결 지음으로써 20세기의 비판이론, 문학비평, 철학, 사회학, 여성학, 영화이론 등에 큰 영향을 미쳤다. 사르트르와 같은 연배이므로 연령상으로는 포스트모던 세대가 아니지만 가장 대표적인 포스트모던 철학자로 간주되고 있다. 인간의 원초적 본능인 '욕망'의 문제를 다루고 있기 때문이다. 그의 개념들을 모르고는 현대의 영화평이나 페미니즘을 이해할 수 없다.

현대 영화, 특히 필름 누아르나 SF 영화는 철학과 밀접한 관계가 있다. 거의 철학 개념의 영화화라고 해도 과언이 아니다. 필름 누아르의 철학적 배경은 1940~60년대까지는 프랑스의 실존주의였고, 1980년

자크 라캉(1901~1981)

대 이후에는 라캉의 정신분석이다. 특히 현대의 가장 인기 있는 철학자 중의 한 사람인 슬라보예 지젝은 히치콕의 영화나 SF 영화들을 분석하기 위해 데카르트, 칸트, 헤겔 등에 의존하는데, 그것은 어디까지나 라캉의 관점을 통한 것이다.

라캉은 프로이트의 '소망'과 헤겔의 '인정(認定) 투쟁'을 결합하여 독특한 욕망 이론을 만들어 냈다.

프로이트는 모든 소망은 유아적이고 성적(性的)이라고 생각했다. 비록 왜곡된 형태로이기는 하지만 꿈이나 징후 속에서 그 소망이 충족된다고도 했다. 한편 헤겔이 말하는 인정은 단순히 나의 생물학적 존재가 아니라 나를 인간으로, 다시 말해 독립적이고 자율적인 수행자로 타자가 인정해 준다는 것을 뜻한다.

라캉 욕망 이론의 최고의 독창성은 뭐니 뭐니 해도 욕망의 대상이 '없다'는 것이다. 그는 우리 욕망의 대상이 실체가 없는 결여 또는 결핍이라고 했다. 라캉의 '결여로서의 욕망' 개념은 들뢰즈의 '생산으로서의 욕망' 개념과 대립한다. 그런데 '아무것도 없음'이란 결국 죽음 아닌가? 우리는 욕망의 대상을 간절하게 욕망하고 그것을 향해 필사적으로 달려가는데, 알고 보니 그 대상은 없음, 결여, 즉 죽음인 것이다. 그렇다면 우리는 결국 죽음을 원하는 것인가? 여기서 라캉의 욕망 이론이 프로이트의 죽음의 충동과 접점을 이룬다.

라캉의 욕망 이론

1966년 출간된 라캉의 『에크리(Écrits)』는 1936년 이래 30년 동안 그가 쓴 논문 28편을 엮은 책이다. 라캉 사상의 거의 전부가 이 책에 압축돼 있다. 라캉을 두고 '욕망의 이론가'라고 하는데, 그가 평생토록 해명하려 한 것이 욕망의 성격과 구조와 작동이었다. 의식의 밑바닥에서 작용하는 욕망의 질서가 곧 무의식이며, 욕망을 무의식적으로 실행하는 존재가 주체다.

라캉은 인간의 심리적 정신적 단계를, 주체가 대상 세계와 관계 맺는 방식에 따라 상상계(the Imaginary), 상징계(the Symbolic), 실재계(the Real)로 나누었다. 상상계는 유아의 단계, 상징계는 법과 언어가 지배하는 성인의 단계, 그리고 실재계는 모든 의미와 상징을 벗어난 절대적 세계이다. 상상계·상징계·실재계를 이해하려면 우선 라캉이 말하는 필요(need), 요구(demand), 욕망(desire)이 무엇인지를 알아야만 한다.

필요란 식욕이나 갈증 같은 내적 긴장 상태에서 파생되는 욕구로 음식물 같은 대상을 획득하는 행동을 통해 충족된다. 요구는 언어를 통해 욕구를 표현하는 방식이다. 마지막으로 욕망은 그 무엇으로도 충족이 불가능한 소원이다. 필요와 욕망 사이에 요구가 있다.

필요는 생물학적인 것으로 만족될 수 있다. 목이 마르면 물을 마시고, 배가 고프면 밥을 먹으면 된다.

배가 고파 우는 아기에게 엄마는 젖가슴을 준다. 그러나 젖을 주어도 아기는 그냥 운다. 엄마는 그 울음이 뜻하는 것이 무엇인지를 묻는다. 요구하는 게 무엇인가? 엄마는 아기가 요구하는 바를 해석해야 한다. 아기는 젖 이상을 필요로 한다. 필요의 대상을 넘어서는 어떤 것을 원하는 것이다. 이 '이상'이 바로 요구다.

요구는 일차적으로는 필요의 만족을 요구한다. 아이는 일련의 요구 사항을 엄마에게 말한다. 엄마는 아이가 말하는 특정 물건으로 그 요구에 대응하지만, 그 어느 것도 아이의 요구를 만족시킬 수 없다. 예를 들면 장난감을 요구하다가 이내 다른 것으로 대체하는 식이다. 대체시킬 대상의 전체 목록을 작성해 보았자 궁극적으로 아이를 만족시키지는 못한다. 어떤 결정적인 사물에도 아이는 만족하지 못한다. 필요가 충족되어도 뭔가가 항상 남아 있다. 필요는 항상 '요구'에서 '새로운 필요'로 되어 가는 경향이 있다. 요구란 나에게 실체적 대상을 넘겨주는 동시에 나를 사랑한다고 확신시켜 줄 것을 타자에게 요구하는 행위이기 때문이다.

그런 점에서 요구는 항상 요구 이상의 것으로 넘어간다. 즉 필요의 직접 대상으로부터 다른 것으로 옮겨 가는 것이다. 필요는 자신의 욕구를 만족시켜 줄 대상을 목표로 하는 반면, 요구는 타자가 줄 수 있는 그 다음의 사물로 향해 있다. 요구된 대상이 주어진다 해도 만족이 있을 수 없는 이유이다. 그것은 타자의 사랑을 '입증'해 줄 사물이어야 하기 때문이다.

라캉에게 욕망이란 '요구의 차원에서는 발화될 수 없는 필요'다. 우리는 배고프거나 목마르면 먹을 것을 달라거나 마실 것을 달라고 분명하게 말할 수 있고, 그 대상이 주어지면 나의 필요는 충족된다. 그러나 욕망은 도저히 언어로는 표현될 수 없는 간절한 욕구다. 그 욕구를 충족시킬 수 있는 대상은 없다. 필요는 만족할 수 있으되 욕망은 만족할 줄 모른다. 요구하는 아이는 타자에 의해 채워지기를 원하고, 자신의 결여를 메워 줄 수 있는 타자의 충만함을 요구하는데, 이때 타자는 엄마이다. 아기는 탄생하면서 분리라는 증상을 수반한다. 엄마와 연결된 탯줄을 자르고 자신의 일부였던 엄마의 몸과 분리된다. 아기와 엄마는 합쳐서 전체성이었는데 이제 그 전체성은 상실되었다. 아기는 자라면서 또는 어른이 되어서도 항상 이 전체성을 욕망할 것이다. 물론 아기는 잃어버린 것을 알지 못한다.

그런 의미에서 욕망은 항상 나의 바깥에 있다. 내가 욕망하는 것은 나에게 결여된, 나에게는 이질적인 어떤 것이기 때문이다. 요구는 실체적 대상이 있지만 욕망은 대상이 부재하다. 욕망의 대상은 결여다.

더 쉽게 얘기하면 아무것도 없음, 텅 빔이다. 이것이 요구와 욕망의 차이다. 그러니까 요구에서 필요를 뺀 나머지, 그것이 바로 욕망이다. 요구를 아무리 들어주어도 충족되지 않고 남아있는 불만족, 그것이 욕망이다. 라캉에게서 그것은 영원히 채워지지 않는 결핍이다.

라캉은 성욕도 욕망 이론으로 접근한다. 우리는 흔히 성을 필요의 질서 속으로 환원시켜, 성행위란 성욕을 충족시키는 행동일 뿐이라고 생각한다. 그러나 성행위는 단순히 욕구를 충족시키기 위한 필요의 차원이 아니다. 성행위를 성적 욕구의 충족이라고만 생각하는 것은 헤겔의 인정투쟁 개념을 알지 못하거나 이해하지 못하기 때문이라고 라캉은 말한다. 이미 헤겔은 주인과 노예 모두가 인정을 위해 분투한다고 말한 바 있다.

큰 타자

라캉의 '큰 타자(Big Other)'는 그의 다른 개념들과 마찬가지로, 사용되는 문맥에 따라 의미가 조금씩 달라진다. 아기를 세상에 태어나게 한 모태인 어머니는 아기를 돌보고, 아기의 이름을 부르고, 아기에게 말을 가르쳐 준다. 어머니는 아기가 태어나기도 전에 이미 거기에 있었다. 아이에게 어머니는 세상의 모든 것이다. 그러니 어머니가 아이의 큰 타자인 것은 당연하다. 영어 'mother'에서 m자를 분리해 낸 후 m과

o를 대문자로 쓰면 '어머니-큰 타자(the M-Other)'라는 언어유희가 만들어진다.

'나'와의 관계에서 아버지는 큰 타자이고, 정신과 의사와 환자의 관계에서는 정신분석을 행하는 의사가 환자의 큰 타자이다. 주체는 기본적으로 큰 타자에 의존한다. 큰 타자는 주체의 실질적인 목격자이고 보증인이다. 큰 타자에 대한 주체의 기본적인 의존은 유아와 어머니의 관계를 생각해 보면 분명하게 드러난다.

큰 타자는 아버지, 법, 장소, 문화, 언어 등으로 다양하게 정의될 수 있다. 프로이트에서와 마찬가지로 라캉에서도 원초적 큰 타자는 오이디푸스적 삼각형에서의 아버지다. 그는 근친상간을 금지시키며, 거세의 위협을 가하며, 어머니에 대한 아이의 욕망에 절대적 금지를 설정함으로써 법의 최초 수행자가 된다. 다만, 이때의 아버지는 특정 개인의 실제 아버지가 아닌, 상징계적 아버지다. 상징계란 언어의 세계다. 그래서 라캉은 '아버지(le père)' 대신 '아버지의 이름(nom du père)'이라는 명칭을 쓰고, '오이디푸스 콤플렉스'라는 말 대신 '부성적 은유'라는 용어를 쓴다. 그러니까 아버지라는 이름을 갖고 있지만 이 아버지는 실제로는 법, 장소, 기표 또는 언어, 문화 등과 동의어다. 이것이 큰 타자다.

어머니가 아이에게 큰 타자인 것은 사실이지만, 그러나 어머니 역시 존재의 결여에 기반을 둔 주체이다. 존재 한가운데 텅 비어 있는 공허는 모든 주체의 원초적 조건이기 때문이다. 어머니는 아기의 요구를 결코 만족시킬 수 없기 때문에 그녀의 사랑은 아기에게 결코 절대적일 수 없다. 아무리 많은 사랑을 베풀고 아무리 많은 필요를 충족시킨다 하더라도 어머니는 자식의 공허를 결코 메울 수 없다.

'큰 타자'에는 여러 가지 뜻이 있다. 때로는 무의식이 큰 타자의 담론(discourse)이다. 또 때로는 철학 용어에서 주체-타자(Subject-Other)라는 변증법적 쌍의 한쪽 항인 타자를 지칭할 수 있다. 또한 이질성이라는 의미에서 타자성을 지칭할 수도 있다. 우리에게 낯선 타자성은 모두 큰 타자다. 미국이나 유럽의 낯선 문화 속으로 들어간 1950년대 한국의 초기 유학생들에게 서구 문화는 큰 타자였다.

큰 타자는 우리의 무의식이기도 하다. 예를 들어 "내가 당신을 모욕하려 한다고 생각할지 모르지만, 사실 나는 그런 의도가 전혀 없어요"라고 누군가 말했다면 이 말의 뜻은 "나는 당신을 모욕하고 있어요"이다. "그럴 의도가 전혀 없다"라는 부정문은 뭔가가 억압되었음을, 그리하여 실은 그 반대가 진실임을 노정하는 방식이기 때문이다. 그런 점에서 부정은 항상 일종의 긍정이다. 자아에 의해 검열되어 사라져 버렸을 무의식의 콘텐트가 부정의 형태로 수면 위에 떠오른 것이다. 주체는 자기가 방금 발화한 '모욕'이라는 단어가 사실이 아니며, '내가 당신을 모욕한다'는 것은 아마도 큰 타자의 생각일 뿐이라고 여기는 것이다. 즉 "큰 타자는 내가 당신을 모욕하고 있다고 생각하겠지만, 그건 틀린 생각이에요"라고 그는 말하고 있는 것이다. 큰 타자는 주체인 자기와 다를 뿐만 아니라 또한 틀렸다는 것이다. 여기서 큰 타자의 존재가 확인된다. 그런데 이 문장 속에서 부정되는 것은 말하는 주체의 무의식이다. 그래서 라캉은 무의식을 '큰 타자의 담론'이라고 했다.

무의식이란 결국 '주체를 벗어나는 언어'다. 그러니까 무의식은 자아와 상관없는 충동이 아니라 그 자체가 곧 자아이다. 라캉은 무의식을 본능이라고 생각하는 프로이트주의를 비판한다. 프로이트는 무의식을 생명 에너지의 보편적 기저로 생각하면서 옛날 옛적에 억압된 어떤 것, 또는 퇴행적인 것과 관련이 있다고 했다. 그러나 라캉이 생각하는 무의식은 프로이트의 무의식과는 다르다. 자유주의적 프로이트주의자들은 무의식을 활력 에너지의 보편적 기저로 생각하고, '개인의 무의식'을 마치 특수한 소유물인 양 지칭한다. 그러나 라캉은 이에 대해 비판적이다. 우리는 우리의 무의식을 소유하고 있지 않고, 무의식을 통제하지도 않는다. 무의식은 우리에게 우선적이거나 열등한 발산체가 아니며, 우리는 어떤 식으로든 그것을 교육, 훈련시킬 수 없다. 라캉에게 무의식은 큰 타자다.

큰 타자는 하이데거가 말하는 세인(世人, das Man)이기도 하다. 우리는 일상적 언어행동(speech act)에서 나의 주체적인 생각을 말하는 게 아니라 세상 사람들이 하는 말을 앵무새처럼 되뇔 뿐이다. 수많은 좌우 진영의 정치적 담론들은 발화자들 자신의 말이라기보다는 바로 큰 타자의 말인 것이다. 그래서 그들은 똑같은 내용의 이야기를 똑같은 화법으로 하고 있는 것이다.

우리의 욕망은 또한 항상 큰 타자의 욕망이다. 나의 욕망은 큰 타자의 욕망에 대한 욕망이면서 또한 큰 타자에 대한 욕망이다. 대부분의 사람들은 자신의 주체적 욕망이 무엇인지 알지 못하고, 그것을 큰 타자에게서 찾는다. 결국 그의 욕망은 큰 타자의 욕망이다. 물론 우리는 큰 타자가 무엇을 원하는지 또는 큰 타자가 만족했는지 여부를 확신할 수 없다. 따라서 우리는 늘 욕망을 유지시킬 뿐, 욕망을 없애 버릴 대상을 찾지는 않는다.

중요한 것은 인간 주체는 분열되어 있고, 무의식은 언어적 구조를 갖고 있으며, 주체는 큰 타자에 의해 길들여진다는 점이다.

'오브제 프티 아(대상 a)'

대상(영어 object, 프랑스어 objet)이라는 말에서 우리는 사랑의 대상, 욕구의 대상 등 주체의 반대편에 있는 실체만을 연상한다. 그러나 대상은 주체와 상관없이 그저 세상에 존재하는 물건, 물체, 사물을 뜻하기도 한다.

'오브제 프티 아(objet petit a)'는 우리말로 '대상 a(아)'라고도 읽는다. 라캉이 외국어 번역자들에게 프랑스어 그대로 써 달라고 요구한 두 용어 중 하나이다(다른 하나는 뒤에 볼 '주이상스 jouissance'). 오브제(objet)는 대상(object), 프티(petit)는 작은(little), 아(a)는 타자(autre, 영어 other)의 첫 글자다. 직역하면 '작은 타자인 대상' 정도가 될 것이다. 큰 타자가 있다

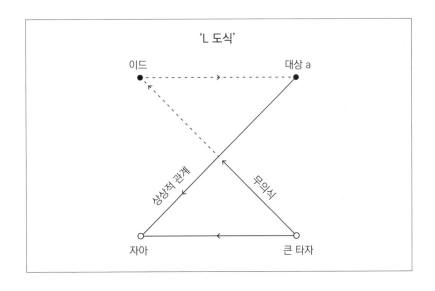

'L 도식'

이드 ----→ 대상 a

상상적 관계 무의식

자아 ← 큰 타자

면 작은 타자도 있을 것이어서, 의미상으로는 이것이 작은 타자다. 그러나 이 작은 타자는 큰 타자와 대칭적인 개념은 아니다. 어쩌면 전혀 다른 영역의 개념이다. 대상 a는 우리가 상실한, 그리하여 도저히 다시 도달할 수 없는 욕망의 대상을 뜻한다.

대상 a는 일차적으로는 물론 욕망의 대상이다. 그러나 더 정확히 말하면 욕망'의' 대상이 아니라 욕망'을 일으키는' 대상이다. 욕망의 대상 그 자체가 아니라, 그 대상을 욕망하도록 주체를 부추기는 원인이다. 내 욕망을 일으키는 대상은 나로부터 아주 멀리 떨어져 있다. 그러나 그 욕망을 일으키는 원인은 내 가까이에 있다. 라캉은 이것을 '대상-원인'이라고 부른다. 원인이 되는 대상이라는 뜻이다. 그 대상-원인이 바로 대상 a다.

대상 a를 '대상-원인'이라고 말하지만, 그것은 만져지거나 보이는 고전적 경험론의 지각 대상, 즉 아리스토텔레스적인 실체(substance)가 아니다. 의자나 나무처럼 무게가 있고 만져지거나 보이는 실체가 아니라 공허, 텅 빈 지점, 아무것도 없는 결여의 장소다.

대상 a는 결국 판타지다. 동화 같은 이야기라는 뜻이 아니라, 우리의 머릿속에만 있는 가상의 존재라는 뜻이다. 실체가 없는 환상이라는 이야기다.

대상 a는 평범한 대상의 내부에 있는 숭고한 대상이다. 그것은 평범한 것을 숭고하게 만들어 준다. 그러기 위해서는 평범한 대상(타자) 안에 있는 모든 불완전성이 괄호 안에 넣어지거나, 삭제되거나, 혹은 눈에 보이지 않게 되어야 한다. 그야말로 욕망의 폭력이고, 타자의 절단이다.

그러나 욕망은 대상들을 대상 a 그 자체와 오인하는 경향이 있다. 대상을 대상 a와 오인하고 있던 욕망은 대상의 불완전성이 드러나면 가차 없이 이 대상을 포기하고, 좀 더 대상 a를 완벽하게 구현하고 있는 것으로 여겨지는 다른 대상으로 옮겨 간다. 이때까지 대상 a로 여겨졌던 숭고한 대상은 순식간에 오물로 변한다. "나는 내 자신을 당신에게 준다. 그러나 나를 통째로 바치는 이 선물은 불가해하게 오물로 변한다"(*Seminar XI: The Four Fundamental Concepts of Psychoanalysis*, p. 268)라고 라캉은 말한다.

발레리나

여기 스포트라이트를 받으며 춤추는 발레리나에 매혹된 남자가 있다. 무엇이 그를 매혹시켰을까? 예쁜 얼굴, 날씬한 몸매, 완벽한 춤에 마음을 빼앗겼다고 남자는 생각한다. 그러나 캄캄한 넓은 무대 위에서 오로지 그녀만 환하게 비춰 주는 조명이 없었다면 그녀에게 매혹될 수 있었을까? 그녀를 매력적으로 만든 것은 빛이다. 그런데 남자는 빛에는 관심이 없고, 빛을 의식하지도 않는다. 그의 주의를 끄는 것은 무대 위의 발레리나, 바로 그 대상일 뿐이다. 하지만 발레리나라는 대상을 욕망하게 만든 원인은 빛이다. 비록 남자가 의식하고 있지는 못하지만 말이다.

대상 a는 어둠 속 무대 위의 발레리나를 비추는 조명과도 같다. 주체로 하여금 대상을 욕망하도록 부추기는, 원인으로서의 대상이다. 욕망의 대상은 우리에게 분명하게 드러나 있지만, 그 욕망을 부추긴 원인으로서의 대상은 우리에게 감춰져 있다. 그러니까 대상 a는 어떤 것을 눈에 띄게, 숭고하게 혹은 매력적으로 만들어 주는 불가사의한 디테일, 또는 도저히 규정지을 수 없는 요소(x-factor 혹은 it-factor)이다. 이 잠재적 '대상'이 무엇인지는 모르지만, 그러나 그것은 어떤 대상 또는 사람을 이유 없이 특별하게 만들어 준다. 어떤 사람에게 뭔가 아주 특별한 것이 있는데, 당신은 정확히 그것이 무엇인지, 또는 무엇이 그를 특별하게 만들어 주는지 결코 알 수 없을 때, 그것이 바로 대상 a다.

그것은 믿을 수 없을 만큼 신비롭고 불가사의한, 욕망의 원인으로서의 대상이다. 내 욕망의 직접 대상이 아니라 내 욕망의 대상을 욕망하게 만드는 대상이다. 그런 점에서 대상 a는 당나귀 코앞에 매단 당근처럼 도저히 도달할 수 없는 유인물 또는 미끼다. 내가 욕망하거나 추구하는 대상이 아니라, 나의 욕망을 작동시키고 나의 욕망에 견고성을 부여하는 형식적 프레임이다. 따라서 대상 a는 욕망의 뒤에, 욕망의 오프스테이지(off stage, 무대 뒤편)에 있다. 완전하게 규정지을 수도 없고, 전체도 아니며, 근본적으로 결핍, 공허, 혹은 텅 빈 지점이다. 우리가 욕망의 정확한 대상을 즉각 발견하거나 그것(It)을 잡을 수만 있다면 우리는 그 공허를 메울 수 있을 텐데, 이는 불가능한 일이다. 그런데, 욕망하는 주체를 지속 가능하게 만드는 것이 바로 이 불가능성이다.

아갈마

라캉은 대상 a를 아갈마(agalma)에 비유하기도 했다. 아갈마는 그리스어로 '장신구(ornament)'라는 뜻이다. 평범한 상자 속에 숨겨져 있는 귀중품처럼 대상 a는 우리가 큰 타자에게서 발견하는 욕망의 대상이라고 했다. 상자 자체가 중요한 게 아니라 상자 안에 있는 보물이 중요하듯이, 우리가 현실에서 욕망하는 대상들은 별로 중요하지 않고 다만 그 안의 대상 a만이 중요하다는 것이다. 대상 a는 큰 타자 안에 숨겨진 우리 욕망의 원인이다. 별로 중요하지 않은 상자 속에 숨겨져 있는 귀중품 같은 것, 이것이 바로 대상 a다. 우리 욕망의 진짜 대상을 환유하는 욕망-원인이다.

라캉은 또한 상징계가 실재계로 도입되면서 뒤에 남는 찌꺼기가 대상 a라고 정의했다. 하나의 기표가 모든 기표들을 대신해 주체를 나타내려고 시도하는데, 그러나 거기엔 잉여물이 언제나 남게 되고, 이 잉여물이 대상 a라는 것이다.

'오브제 아(objet a)'는 평범한 물건을 대단한 값으로 만들어 주는 숨은 보석, 즉 아갈마(라캉이 플라톤의 『향연』에서 빌려온 용어)이다. 이것은 다른 방식으로 작용할 수도 있다. 가끔 다른 사람이 대상 a(agalma)의 위치에 있을 수 있고, 또 어느 때는 당신 자신이 다른 사람의 욕망의 대상이 될 만하다고 상상하기 위해 이 위치에 자리 잡을 수도 있다.

이처럼 라캉의 저작에서 개념들은 모두 혼재되어 사용되고 있지만, 그 무엇이든 대상 a는 실체가 아닌 허공, 텅 빈 지점, 결핍의 자리이다. 내가 무의식적으로 추구하는 결핍 또는 허공이다. 그러나 또한 주체인 나에게 그것은 나름의 실체를 가진 사물 또는 잃어버린 부분이기도 하다. 대상 a가 실증적 부정성(positive negativity), 실체적 허공(substantial void), 물화된 텅 빔(reified emptiness) 등 모순적 성질의 결합으로 묘사되는 이유가 바로 그것이다. 사람들은 자신이 이것을 어릴 때 잃어버렸다고 생각하고, 여기에 도달하기만 하면 어릴 때 향유했던 온전한 존재를 되찾게 될 것이라고 희망한다. 물론 그것은 헛된 추구이다.

맥거핀과 김종인

영화이론에 맥거핀(MacGuffin)이라는 것이 있다. 영화 줄거리에서 중요하지 않은 것을 마치 중요한 것처럼 위장해서 관객의 주의를 끄는 일종의 트릭이다. 주로 스파이 영화에서 주인공이 목숨 걸고 찾아다니는 대상이 맥거핀이다. 영화 줄거리 전체가 그것 때문에 시작되었는데, 막상 마지막에 가서는 그 물건의 존재 자체를 아무도 신경 쓰지 않는다. 관객도 관심 없고, 감독도 설명해 주지 않는다. 그러니까 맥거핀이란 관객의 호기심을 자극하여 관객을 의문에 빠트리거나 긴장감을 느끼게 만드는 사건, 상황, 인물, 소품 등이다. 앨프리드 히치콕 감독의 1940년 작품 「해외 특파원(Foreign Correspondent)」에서 별 의미 없이 암호명으로 사용된 것이 영화이론 용어로 자리 잡았다. 영화에서 맥거핀은 관객을 통제하고 극의 서스펜스를 고조시키는 데 아주 유용한 장치였다.

히치콕 감독의 영화에는 늘 맥거핀이 등장한다. 「사이코(Psycho)」(1960)는 여주인공 마리온이 사무실에서 돈을 훔치는 것으로 시작된다. 훔친 돈다발을 가지고 차를 타고 멀리 도망가다가 밤이 되자 모텔에 묵었고, 이 모텔에서 그녀는 정신병자 노먼 베이츠에게 살해당한다. 그녀를 쫓아온 사립탐정도 살해당한다. 이 줄거리를 추동시킨 주요 요인이 돈다발이지만, 영화가 끝날 때까지 돈다발에 대해서는 아무 이야기가 없다. 관객도 아무 관심 없고, 감독도 아무런 얘기를 해 주지 않는다. 「39계단(39 Steps)(1935)에서는 조용한 비행기 설계도, 「오명(Notorious)」(1946)에서는 방사성 우라늄 가루, 「해외 특파원」에서는 비밀 평화협정의 한 조문, 이것들이 모두 맥거핀이다.

다른 감독의 영화들 중에서는 「카사블랑카(Casablanca)」(1942)의 통행증, 「시민 케인(Citizen Kane)」(1941)의 'Rosebud(장미 봉오리)', 「타이타닉 (Titanic)」(1997)의 목걸이 등이 맥거핀이다. 퀜틴 타란티노 감독의 「펄프 픽션(Pulp Fiction)」(1994)에서는 주요 인물들이 서류 가방을 격렬하게 탐하는데, 영화가 끝날 때까지 그 내용물은 끝내 보이지 않는다. 스릴러 액션 영화 「낭인(Ronin)」(1998)에서는 주인공이 금속 서류 가방을 찾기 위해 싸우지만 그 가방에 무엇이 들어 있는지는 아무도 모른다. 「미션 임파서블 III」(2006)에서는 'Rabbit's Foot(토끼 뒷다리 모양의 부적)'이 맥거핀이다. 「인디아나 존스」 시리즈에서도 주인공 일행은 왕관, 크리스탈 해골 등의 물건들을 쟁취하기 위해 모험을 감행한다. 그런데 이 보물들은 주인공과 그 방해자들 사이의 결투, 또는 추격의 동기만을 제공할 뿐 그 자체가 극의 중심은 아니다. 영화의 스토리를 전개하는 용도로만 사용될 뿐 더 이상 역할이 없으며, 작품이 끝날 때까지 재조명되지도 않는다. 이처럼 관객의 머릿속에서는 곧 잊혀지지만 액션 장면의 이유들을 관객들에게 납득시키거나 또 줄거리의 매끄러운 진행을 돕기 위해 꼭 필요한 소도구가 바로 맥거핀이다. 맥거핀이란 말 자체가 히치콕이 그냥 아무렇게나 만든 단어로, 그 단어가 지시하는 대상도 없고 의미도 없다. 그러나 그 실체 없는 대상이 영화를 흥미롭게 만들어 주는 매우 중요한 요소다.

히치콕은 프랑스의 영화감독 프랑수아 트뤼포에게 다음과 같은 가상의 대화를 인용하면서 그 용어를 설명한 적이 있다.

(두 사람이 스코틀랜드행 열차를 타고 가다가 한 사람이 선반 위에서 어떤 물건을 발견한다.)

A 선반 위의 저것이 무엇입니까?

B 저것은 맥거핀입니다.

A 맥거핀이요? 무엇에 쓰는 물건입니까?

B 스코틀랜드 고지대에 사는 사자를 잡기 위한 도구입니다.

A 스코틀랜드 고지대에는 사자가 없는데요?

B 아, 그러면 맥거핀은 아무것도 아니군요.

히치콕이 맥거핀이라는 용어를 새삼 만들어서 그렇지, 사실 이런 장치는 고대 신화나 고전 서사에서 이미 사용되어 왔던 것이다. 아더 왕 전설의 '성배(Holy Grail)'도 알고 보면 맥거핀이다. 성배를 회수하기 위해 아더 왕과 원탁의 기사들이 여정을 시작하지만, 많은 사건과 갈등의 원인인 성배에 대해서는 끝까지 별다른 언급이 없다. 지젝은 미국이 이라크 침공의 이유로 삼았던 '대량 살상 무기' 또한 맥거핀이라고 말하기도 했다.

라캉이 아갈마로 비유한 대상 a는 맥거핀과 아주 비슷하다. 맥거핀의 유일한 역할은 스토리를 작동시키는 것이다. 주인공들에게 아무리 중요하게 보인다 해도 그 자체는 '아무것도 아닌 것'이다. 순수하게 아무것도 아니지만 그럼에도 불구하고 아주 효과적이라는 점에서 슬라보예 지젝은 맥거핀이야말로 순수하게 대상 a라고 했다. 욕망의 대상-원인으로 기능하고 그 자체로는 존재하지 않지만, 왜곡되고 바꿔치기된 방식으로 언제나 존재하기 때문이다.

대선 캠페인이 한창이던 2021년 12월, 김종인 씨가 '국민의힘' 총괄선거대책위원장 직을 맡았다. 전혀 이념이 다른 양 정당 사이를 오가며 개인적 출세를 추구한 노정객을 정통 보수 정당인 '국민의힘' 대선 캠프가 모시지 못해 안달하는 모습에 국민들은 의아함을 금치 못했다.

김종인 씨는 2012년에 새누리당 선대위원장, 2016년 총선 때는 더불어민주당 비대위원장, 2020년 총선 때는 미래통합당 총괄선대위원장을 맡았었다. 이 중 새누리당과 미래통합당은 현 '국민의힘' 전신이다.

그는 1981년부터 2016년까지 여러 정당들을 넘나들며 비례대표로만 국회의원을 다섯 번이나 지냈다. 1987년 제9차 헌법 개정안에 '경제 민주화' 조항(제119조 2항)을 신설하는 일을 주도했다는 것이 그가 내세우는 최대의 공적이다. 그러나 '경제 민주화'란 실체가 없는 겉껍데기 기표에 불과하고, 더군다나 자본주의를 추구하는 사회에서 경제에 '민주'라는 말을 붙이는 것이 보수정당의 이념과 어디에 부합되는 것인지 아무도 제대로 설명해 주지 못한다. 그저 맥거핀일 뿐이다.

더 거슬러 올라가 그는 서강대 경제학과 교수를 하던 1977년에 박정희 대통령에게 의료보험 제도 도입을 건의했다고 주장한다. 하지만 우리나라 의료보험법은 군사정부 마지막 날(제5대 박정희 대통령 취임 전날)

인 1963년 12월 16일에 처음 제정되어 1964년부터 시행되었다. 물론 낯선 제도의 도입이었고, 또 임의가입 방식이었기 때문에 실적이 미미했을 것이다. 그러나 이미 14년째 시행하고 있는 의료보험 제도를 그가 박대통령에게 '도입'하자고 건의했다는 주장은 아무리 생각해도 더욱 더 희미한 맥거핀이다.

아니, 어쩌면 '김종인'이라는 이름 자체가 맥거핀인지 모른다. 뭔가 의미가 있는 것 같지만 깊이 들어가 보면 아무것도 없고, 무의미하지만 거대한 의미를 발생시키고, 그러나 이것을 실재라고 믿게 해야 관객의 몰입이 가능해지는, 그야말로 주체의 욕망이 만들어낸 환상 공간이 아닐까. 영화미학의 정치적 버전이라 할 만하다. 영화이론에는, 맥거핀이 이야기를 시작하거나 진행하게 하는 열쇠의 기능만 있을 뿐, 작가의 의도 또는 극중 다른 요인들에 의해 종국에는 존재감이 희석된다는 법칙도 나온다.

부분대상

라캉의 대상 a는 그의 연구가 진척되는 동안 조금씩 개념이 달라진 것이 사실이다. 처음에는 '부분대상'이었다. 정신분석학자 멜라니 클라인의 '상상적 부분대상(imaginary partial object)'에서 차용한 개념이다.

'상상적 부분대상'은 몸에서 분리될 수 있다고 상상되는 대상으로,

신체의 내면과 외면을 연결하는 통로가 있는 곳이면 어디서나 발견된다. 프로이트는 젖가슴, 음경(penis), 대소변 등을 대표적 부분대상으로 지목했다. 젖가슴은 유아가 어느 날 상실하게 될 어떤 것이고, 음경은 잘릴 수 있다고 상상되어 거세 공포를 일으키는 대상이다. 라캉은 여기에 목소리, 시선, 호흡, 노래를 추가했다.

결국 대상 a를 규정하는 성질 중에서는 분리가 가장 중요한 요소다. 퀸의 노래 「해머 투 폴(Hammer to Fall)」에서 "매일 밤 매일 낮 / 당신의 아주 작은 부분이 떨어져 나간다(Oh, ev'ry night and ev'ry day / A little piece of you is falling away)"라는 한 구절이 대상 a를 그대로 요약하고 있는 것만 같다.

대상 a는 분리와 관계가 있는 욕망의 대상이다. 그러나 이 작은 부분은 우리가 이름 붙이거나 손가락으로 가리킬 수 있는 것이 아니다. 우리가 그것을 현상학적으로 경험하고 있는 동안 대상 a는 결코 우리의 잃어버린 부분으로 직접 지각되지 않기 때문이다. 그것은 말 그대로 공허이다. 그런데 우리는 이것을 마치 먼 옛날에 내가 소유했다가 잃어버린 물건으로 여긴다. 어릴 때 소유했던 이 완결성의 존재를 다시 찾을 수 있다는 희망 속에서 주체는 무의식적으로 이것을 추구한다. 그러나 그것은 공허 혹은 결핍일 뿐이다.

우리가 사회화된 주체가 되기 위해 희생해야만 했던(혹은 그런 환상을 주는) 최초 주이상스(완벽한 쾌락)의 잔여 찌꺼기도 대상 a다. 중요한 것은 언어 이전 단계에 과연 우리가 실제로 주이상스를 가졌던 것인가, 그리고 오이디푸스 콤플렉스 전 단계가 과연 절대적 쾌락을 누린 행복한 시기였던가, 라는 의심이다. 과거에 완벽한 쾌락의 시기가 있었다는 것은 환상에 불과한 것이 아닐까?

우리의 경험적 일상생활(라캉은 이것을 상징계라고 한다) 속에서 우리에게 가해지는 온갖 금지와 금기를 겪다 보면 혹시 그 이전 단계, 즉 상상계(유아기를 라캉은 상상계라고 한다)에는 완전한 쾌락이 존재하지 않았을까, 라고 생각할 수도 있다. 어른이 된 현재의 삶이 고통스러우므로, 혹시 그 옛날 자신이 기억하지 못하는 어린 시절은 완벽한 행복의 순간이 아니었을까, 라고 생각하게 된다는 말이다. 하지만 이런 생각은 환상에 불과하다. 오히려 역설적으로 대상 a를 생산하는 것이 바로 현재의 무기력하고 고통스러운 삶이다. 라캉은 이런 어른의 세계를 법의 세계라고 했다. 그는 상징계를 지배하는 법(Law)을 '아버지의 이름'이라고 불렀는데, 이 용어는 곧 금지와 동의어이다.

쥐스킨트의 『향수』

언제나 라캉에 근거해 재치 있는 문화 평론을 펼치는 슬라보예 지젝은 대상 a의 목록에 목소리, 시선, 호흡, 노래 외에 냄새를 하나 더 추가했다. 영화로도 만들어진 파트리크 쥐스킨트의 소설 『향수』는 냄새가 대상 a로 전환되는 아주 적절한 사례이다.

소설의 불행한 주인공 그르누이는 몸에서 아무런 냄새가 나지 않는 무취의 인간이다. 따라서 다른 사람들은 그의 냄새를 맡을 수 없지만, 자신은 아주 멀리 있는 사람이 누구인지를 알아낼 정도로 냄새에 탁월한 감각이 있다. 그르누이는 흠모하던 여인이 사고로 죽자 25명의 아름다운 소녀를 죽인 다음 그들의 피부 표면을 긁어 냄새를 빼내 이 상적인 향수를 창조했다. 여성성의 정수(精髓)인 이 유혹적인 향수야말로 궁극적인 '여인의 향기(odor di femina)'다. 이것이 바로 라캉이 욕망의 대상-원인이라고 부른 대상 a다.

그르누이의 향수의 냄새를 맡은 사람들은 절제를 잃고 성적 탐닉에 빠진다. 살인죄로 체포되어 사형을 선고받은 순간 그르누이가 군중 앞에서 향수에 흠뻑 적신 냅킨을 흔들자, 군중은 즉각 옷을 벗고 쾌락에 몸을 내맡긴다. 그리고 그르누이는 도둑, 거지, 매춘부 무리에 의해 말 그대로 산산조각 나 잡아먹힌다. 그르누이는 무취이기 때문에 그의 안에는 욕망의 대상-원인이 없어서 그 자체로서는 결코 타인들의 욕망의 대상이 되지 않는다. 자신이 타인들의 욕망의 대상이 될 수 있는 유일한 방법은 향수를 이용해 자멸하는 것뿐이다.

그르누이가 여인의 '정수'를 추출하기 위해 처녀들을 죽이는 설정은 정확히 라캉적으로 해석된다. 라캉은 대상 a를 "당신 속에 있는 당신 이상의 것", 그리하여 "나로 하여금 당신을 욕망하게 하는" 어떤 것이라고 했다. 그것이 "비록 내가 당신을 사랑하지만 당신을 파괴할 수밖에 없는 이유"라고도 했다. "나는 당신을 사랑해, 그러나 당신 안에 있는 당신 보다 더한 어떤 것, 즉 대상 a를 사랑하기 때문에 나는 당신을 절단해"(*Seminar XI*, p. 268).

플라톤의 『향연』

그리스어로 '향연(Symposion)'은 함께 마신다는 뜻이다. 특정 주제를 놓고 여러 사람들이 각기 자기 의견을 말하는 요즘의 토론회 또는 학술대회(symposium)의 기원이다. 요즘의 심포지엄에서는 '함께 마시는' 기능만 빠졌다.

플라톤의 『향연』은 시인 아가톤이 마련한 역사상 가장 지적인 만찬의 허구적 기록이다. 철학자 소크라테스, 시인 아가톤, 희극배우 아리스토파네스, 의사 에뤼크시마코스, 시칠리아 침공의 장수인 알키비아데스 등 당대 아테네의 내로라하는 상층 엘리트들이 모두 한 자리에 모여 에로스(사랑)라는 주제를 가지고 나눈 이야기의 기록이다.

여기서 라캉의 관심을 끈 것은 아리스토파네스가 풀어 놓은 인간의 먼 기원 이야기다. 아리스토파네스에 의하면, 지금은 남성과 여성의 두 가지 성만 있지만 예전에는 이 둘을 다 가지고 있는 제3의 성, 즉 자웅동체(雌雄同體, androgyny)가 있었다. 어떻게 그것이 가능했는가? 인류의 기원에 그 대답이 있다. 원래 인간의 모양은 아주 둥글었고 팔이 넷, 다리가 넷 있었으며, 음부는 둘, 둥근 목 위에 머리는 하나, 거기에 똑같이 생긴 얼굴 둘이 서로 반대 방향을 향하고 있었다. 그들은 무서운 힘과 기운을 가지고 있었고, 야심이 대단해서 신들을 공격했다. 분노한 신들이 회의를 열어 모든 인간을 두 동강으로 쪼개기로 결정했다. 그리고는 마치 마가목 열매를 절이려고 두 조각으로 자르듯, 혹은 잘 삶은 달걀을 머리카락으로 가르듯, 사람들을 한가운데서 잘라 두 조각씩

쪼갰다. 이렇게 잘린 사람들은 원래의 자기 반쪽을 찾아 헤매었고, 찾으면 서로 끌어안았다.

이처럼 서로를 향한 사람들의 욕구가 먼 옛날부터 우리들 속에 심어져 있었다고 아리스토파네스는 말한다. 본래 하나였다가 둘로 나뉜 몸뚱이의 부분을 다시 한데 모아 자기 본연의 모습을 회복하려 하기 때문이라고 했다.

그때 이후로 이 피조물의 두 부분은 서로 재결합해 원래의 구(球) 모양의 전체를 재구성하기 위해 분투해 왔다. 그 반쪽을 찾아 헤매다가 자기의 잃어버린 상대라고 생각되는 모든 대상에 재빨리 달라붙는다. 맞는 짝을 찾으면 서로 사랑을 하거나 결혼을 했다. 옛날에 남자를 쪼개서 나온 사람들은 남자를 찾았고, 옛날에 여자였던 사람을 쪼개서 나온 여자들은 남자들에 대한 관심이 없이 여자들에게만 마음이 끌렸다. 동성애의 기원이 여기에 있다고 아리스토파네스는 말한다. 우리가 사랑하기 위해 찾는 존재는 우리의 성적(性的)인 반쪽이라는 이야기다.

그러나 라캉이 여기서 관심을 갖는 것은 동성애가 아니라 분리된 육체의 문제다. 자신이 영원히 상실한 일부를 평생 찾아 헤매는 것이 인간의 운명이라고 플라톤은 아리스토파네스이 입을 빌려 말하고 있는데, 주체가 상실한 자신의 일부가 다름 아닌 대상 a라는 것이다.

셰익스피어의 『베니스의 상인』
셰익스피어의 희곡 『베니스의 상인』에 나오는 '심장 근처 살 1파운드'도 전형적인 대상 a의 사례이다.*

16세기 베네치아. 기독교인이며 부유한 상인인 안토니오가 친한 친구 바사니오로부터 결혼자금을 빌려 달라는 부탁을 받는 것으로 이야기는 시작한다. 안토니오는 당장은 돈이 없었지만 얼마 후 자신의 무역선이 도착하면 큰돈이 생길 것이므로, 유대인 고리대금업자 샤일록으로부터 돈을 빌려 친구에게 건네준다. 샤일록은 사업상 경쟁자인 안토니오에게 "돈을 갚지 못할 경우 심장 근처 살 1파운드를 떼어 줄 것"을 요구하는 가혹한 계약서를 작성한다.

친구가 대신 빌려서 준 결혼자금을 가지고 바사니오는 사랑하는 여인 포셔에게 구혼하여 결혼에 성공했다. 포셔는 재산이 많았으므로 안토니오의 빚을 갚는 것은 이제 일도 아니었다. 그런데 안토니오의 상선이 침몰했다는 소식이 전해지고 계약 만료일이 다가오자, 샤일록은 계약대로 안토니오의 살 1파운드를 받아내겠다고 재판을 신청하였다. 마침내 재판이 열린 날 안토니오, 바사니오, 샤일록 등이 출두한 법정에서 재판관은 샤일록에게 "본래의 계약을 양보하여 돈으로 빚을 탕감하는 것이 어떠냐"고 제안한다. 바사니오도 안토니오가 빌린 돈의 세 배 혹은 더 많은 돈을 주겠다고 제시한다. 하지만 샤일록은 계약의 정당성을 주장하며 자기는 그 어떤 액수의 돈을 줘도 안 받겠다며, 법을 엄격하게 적용해 '살 1파운드'로 빚을 갚으라고 끝까지 요구한다. 결국 재판관은 샤일록의 주장을 받아들여, 안토니오의 살을 가져갈 것을 허락한다.

샤일록이 회심의 미소를 지으며 안토니오에게 다가가 살을 베어 내려는 순간 재판관의 그 유명한 판결이 내려진다.

"계약서에 오로지 '살'만 적혀 있을 뿐 '피'는 명시되어 있지 않으니, 살을 가져가되 피를 한 방울이라도 흘리면 샤일록은 모든 재산을 몰수당하고 사형에 처해진다."

어떻게 살만 도려내고 피는 빼앗지 않는 게 가능하냐고 샤일록은 항변하지만 재판관은 오히려 "당신이 원하는 대로 엄격하게 법을 적용한 것"이라며, 그 살마저 "1파운드에서 조금이라도 차이가 나서는 안 된다"는 조건까지 붙인다.

결국 샤일록은 안토니오를 죽이는 것을 포기하고 대금을 돈으로 받아 가겠다고 한다. 그러나 재판관은 이미 살을 가져가야 한다고 판결이 났다는 것을 상기시키며 샤일록에게 얼른 안토니오의 살을 도려내라고 명령한다. 샤일록은 분노하여 그냥 법정을 나가 버리려 했지만, 재판관은 "계략으로 시민의 생명을 위협한 이방인은 처벌받아야 한다"는 법을 적용해 샤일록을 궁지에 몰아넣는다. 결국 샤일록은 재산의 절반을 국가에 몰수당하고 나머지 절반은 안토니오에게 피해 배상으로 넘겨주게 되었다.

알고 보니 재판관은 안토니오의 아내 포셔가 남장을 한 것이었다. 재판관을 가장하여 명재판을 한 것이다. 그녀도 우영우처럼 법의 천재였던가?

지금의 눈으로 보아 유대인에 대한 인종적 편견이 옳은 것인지, 돈을 빌리고도 교묘한 법논리로 빚을 갚지 않는 것이 정당화될 수 있는 가는 별개 문제로 하자. 샤일록에게 계약대로 안토니오의 살 한 덩어리를 받아 가라는 판결이 내려지고 집행되었다면, 친구를 대신해 빚을 진 젊은 기독교도는 사망했을 것이다. 그러나 남장 여자 포셔의 재치 있는 판결 덕분에 안토니오는 살 한 덩어리가 떼어지는 것을 면하고 살아남았다. 이 살 한 덩이를 라캉은 대상 a의 한 형태로 간주한다. 심장 근처의 살 한 덩어리라는 것은 이론상으로는 분리가 가능하지만 실제로는 몸 전체에서 도저히 분리될 수 없는 한 부분이고, 보다 큰 전체 중의 작은 한 부분으로서의 대상이기 때문이다. 대상 a는 바로 그런 것이다.

시선 곧 대상 a

욕망의 시선

인간의 욕망은 타자가 가진 욕망에 대한 욕망이다. 쉽게 말하면 남들이 갖고 싶어 하는 것을 나도 갖고 싶어 하는 것이다. 남들이 명품 백을 들었으므로 나도 그 명품 백을 들고 싶고, 남들이 모두 예쁘다고 추앙하니 나도 그 여배우와 사귀거나 결혼하고 싶은 것이다. 그러므로 중요한 것은 내 눈앞에 보이는 타자의 모습이다. 그의 과시적 소비가 내 욕망의 아주 중요한 요인이다. 내 욕망의 저 쪽 끝에는 타자가 내게 보여 주는 어떤 볼거리(donner-à-voir, showing)가 있다. 물론 타자의 '보여주기'만 있는 게 아니라 바라보는 나의 눈에도 어떤 욕구가 있다. 이 둘이 합쳐져 욕망이 생긴다. 눈에게 욕구가 없다면 어떻게 이 '보여주기'가 나의 욕망을 충족시킬 수 있겠는가? 눈은 나름의 식욕(appetite)을 갖고 있고, 그것을 반드시 충족시키고 싶은 욕구를 가지고 있다. 눈은 단순히 인식의 기관일 뿐만 아니라 쾌락의 기관이기도 하다. 눈이라는 기관의 기능에 이미 욕구가 내재해 있다.

드라마 「이상한 변호사 우영우」에서 우영우가 자기 사무실 창문 블라인드 살을 들어올려 그 틈새로 바깥 사무실의 홀을 내다보는 장면이 있다. 시선의 끝에는 그녀와 썸타는 관계에 있는 잘생긴 송무(訟務)팀 직원이 있다. 블라인드 틈새 가득하게 확대된 우영우의 검은 두 눈이 평소의 순진한 분위기와는 사뭇 다르게 어쩐지 민망해 보인다. 욕구를 드러내는 눈이기 때문이다. 욕망과 시선과의 관계를 이보다 더 적나라하게 보여 주는 사례가 있을까 싶다.

눈은 또한 대상을 분리시키는 치명적 기능도 가지고 있다. 탐욕에 가득 찬 사악한 눈의 기능에 대해 많은 이야기가 회자되고 있다. 라캉은 자신이 어렸을 때 프랑스를 비롯한 다른 여러 유럽 나라들의 농촌 지역에 눈이 동물의 젖을 마르게 하고, 병이나 불운을 가져다주는 힘이 있다는 이야기가 널리 퍼져 있었다고 했다. 예를 들어 새끼를 막 낳은 가축을 누군가가 바라보면 그 어미의 젖이 마르고, 사람도 누군가의 유별난 시선을 받으면 병에 걸리거나 재수 없는 일이 생긴다는 속설이다.

이때 그 불길한 눈의 기능을 라캉은 인비디아(invidia)라고 했다. 현대 영어 envy(선망)의 어원인 인비디아는 '보다(to see)'라는 뜻의 라틴어 비데레(videre)에서 유래했다. 아우구스티누스의 『고백록』에 인비디아의 시선을 묘사한 구절이 있다. 어머니 품에서 젖을 빠는 동생을 갈기갈기 찢어 놓을 듯한, 그리고 독을 옮겨 놓을 듯한 쓰라린 시선으로 바라보는 한 어린아이를 묘사하며, 자신의 운명이 그와 같다고 했다.

시선의 기능 속에 있는 인비디아는 질투와는 조금 다르다. 어린아이건 어른이건 우리가 뭔가를 선망할 때, 반드시 우리가 필요로 하는 것을 선망하지는 않는다. 어린 동생을 선망하는 소년은 더 이상 어머니의 젖이 필요 없는데도 거의 창백한 얼굴이 되어 동생을 죽일 듯이 선망한다. 이처럼 자신에게는 아무 소용도 없는 것인데 일단 다른 사람들이 소유하고 있는 것을 보면 느끼게 되는 질시의 감정이 바로 선망이다. 그가 집착하고 있는 대상 a로부터 분리된 작은 조각을 다른 사람이 만족스럽게 소유하고 있는 모습 앞에서 느끼는 강렬한 부러움이다.

뒤라스의 『롤 베 스타인의 황홀』

'시선이 곧 대상 a'라는 명제를 가장 잘 입증해 보여 주는 것이 20세기를 대표하는 프랑스 여류작가 마르그리트 뒤라스(Marguerite Duras)의 『롤 베 스타인의 황홀(Le ravissement de Lol V. Stein)』이다.

『롤 베 스타인의 황홀』은 별로 독자들의 인기를 끈 소설은 아니었다. 작가의 실험성은 돋보였지만 이렇다 할 재미있는 줄거리도 없고 그저 밋밋한, 어쩌면 지루한 소설이었기 때문이다. 그러나 라캉이 세미나에서 언급하면서 소설은 일약 라캉 철학의 한 부분을 떠받치는 주요 레퍼런스가 되었다.

아주 짤막한 이 소설은 별로 말이 없는 매우 특이한 성격의 미국 여인 롤라 발레리 스타인이 약혼식 날 약혼자를 빼앗기는 이야기다. 약혼 축하 파티가 있는 날 밤에 그녀의 약혼자는 검은 옷차림의 어떤 여인과 밀착하여 춤을 추고, 놀라서 멍청하게 서 있는 롤라를 남겨둔 채 그녀와 함께 나갔다. 결국 약혼자는 롤을 버리고 그 검은 옷의 여인과 연인 관계가 된다.

그 후 롤라는 마치 자신의 진짜 이름을 절단해 버릴 필요가 있기라도 한 듯 이름을 롤 브이(Lol V.)로 바꿨다. 그리고는 마치 자신의 기억을 억압시키기 위한 '망각의 단계'인 것처럼 별다른 애정 없이 아무 남자하고나 결혼하여 3명의 아이를 낳고 유브리지에서 10년간 조용히 은둔 생활을 한다.

어느 날 남편이 에스탈라로 전근을 가게 되었다. 그 옛날 그녀가 애인을 빼앗겼던 도시다. 롤은 어느 날 집 앞을 지나가는 행인들이 자신에 대해 하는 말을 우연히 듣고, 망각에서 깨어나 기억을 되살리게 된다. 지나가던 행인은 다름 아닌 댄스클럽 사건의 목격자였던 롤의 친구 타티아나 칼이다. 타티아나는 정부 자크 홀드와 함께 걸으며 롤에 대해 이야기하고 있었다. 그 자크 홀드가 이 소설의 숨은 화자이다.

자크 홀드는 연인의 친구인 롤에게 새삼 마음을 빼앗기는데, 막상 롤은 이상한 열망을 품는다. 다른 커플의 사랑 행위를 구경하고 싶다는 생각이다. 그래서 자크 홀드와 타티아나의 정사 장면을 몰래 훔쳐보도록 허락해 달라고 자크 홀드에게 간청한다. 롤이 과거 자신이 연인을 빼앗겼을 때 느낀 상실의 순간에 느꼈던 황홀을 그들을 통해 다시 추구하고자 하는 것이다.

부아 호텔이 보이는 호밀밭에서 그와 친구의 육체적 사랑을 훔쳐보며, 그녀는 다시금 황홀감에 빠져든다. 10년 전 '사랑의 삼각관계'가 재현된 것이다. 그리고 최종적으로 롤은 황홀감을 느꼈던 10년 전 티비치의 댄스클럽을 자크 홀드와 함께 가 본다. 그곳은 무의식의 망각 속에 깊숙이 묻어 두었던 사건의 장소다. 여기서 그녀는 '상처를 직면'한다. 롤에게 이곳은 상처에 대한 '불완전한 기억과 애도'의 장소이다.

소설은 라캉이 일생 동안 관심을 가졌던 주제들, 즉 미친 여인, 연인, 히스테리 환자, 시각을 통한 쾌락, 응시 등을 다루고 있다. 욕망과 결핍의 변증법적 대립이 시각적 인식에 어떻게 비치는가에 대한 이야기인데, 결국 "시선이 대상 a"라는 결론에 이르게 된다.

작가가 '시선'이라는 주제를 다루는 방식을 눈여겨 볼 필요가 있다. 모든 시선은 사람을 지명하는 기능을 갖는다. 롤은 커플에게 자신의 눈에 '보일' 수 있게 해 달라고 강요했지만, 그것은 반대로 그들이 그녀를 '보도록' 강요하는 것과 마찬가지다. 그녀가 바라본 것은 그 커플이 아니라 그들의 사랑을 '바라보는' 자신의 시선이다. 그녀는 다른 커플 속에서만 자신을 발견할 수 있었던 것이다.

소설이 끝나는 시점에 롤은 광기에 빠져든다. 헤어졌던 남자가 다시 롤을 애타게 찾으면서 여러 사실들을 기억시키려 하지만, 그녀는 수년 전에 약혼자와 검은 옷의 여인에 의해 환각에 빠졌던 바로 그 지점에서 미쳐 버리고 만다.

라캉은 이 소설이 절시증(竊視症, scopophilia)에 관한 것이라고 했다. 절시증이란 실제 성행위가 아니라 나체나 외설적인 사진 등을 보면서 성적 쾌감을 느끼는 이상(異常)성욕으로, 보는 행위 그 자체가 욕망의 대상이 된다. 먼 거리에서만 사랑에 감동될 수 있었던 롤의 욕망이 바로 절시증인 것이다.

주이상스

「보헤미안 랩소디」

영화 「보헤미안 랩소디」 (2018)의 웸블리 구장 공연 장면은 전율이었다. 무대로 향하는 좁은 통로에 흰 러닝셔츠 차림으로 혼자 서 있는 '퀸'의 뒷모습은 한없이 외롭고 하찮아 보였다. 그의 등은 미세하게 떨리는 듯했다. 마침내 "Your Majesty the Queen"이라는 어나운스먼트와 함께 무대에 등장한 프레디 머큐리. 10만 관중이 발 구르며 손 흔들고 열광했고, 그는 미친 듯 신 내린 듯 마이크를 꺾어 버릴 기세로 무대 위를 종횡무진하며 포효했다. 노래 가사 역시 처절하다.

엄마, 나 지금 막 사람 하나 죽였어 / (……) 엄마를 울리고 싶진 않았는데 / 내일 이 시간에 내가 안 돌아오더라도 / 그냥 살아가요

엄마 / (……) 난 죽고 싶지 않아, 차라리 태어나지 않았으면 얼마나
좋았을까 (……)

Mama, just killed a man / (...) Didn't mean to make you cry / If
I'm not back again this time tomorrow / Carry on, carry on / (...) I
didn't want to die, I sometimes wish I'd never been born at all (...)

군중이란 그 자체로 무섭고 가슴 떨리는 악마적 힘인데, 10만 관중
이 오로지 자기만을 향해 온몸으로 돌진하며 환호한다면 그의 정신이
온전할 수 있을까. 심장은 터질 듯 뛰고 머릿속은 하얘져 더 이상 삶과
죽음의 경계가 모호해지는 순간이었을 것이다. 세상의 모든 것이 무의
미해지고, 살아도 좋고 죽어도 좋은 엑스터시의 순간이었을 것이다.

아마도 그것은 궁극의 쾌락이었을 것이다. 라캉이 말한 주이상스
(jouissance). 지고(至高)의 쾌락이어서 현실에서는 도저히 불가능하고, 죽
음과 경계를 이루고 있어서 도달하면 곧장 죽음으로 넘어갈 위험이 있
는 치명적 쾌락. 그 순간을 경험했다면 그에게 남은 것은 죽음 밖에 없
었을 것이다.

jouissance 대 enjoyment

쾌락 원칙 너머

라캉이 자신의 저작을 외국어로 번역하는 사람들에게 반드시 프랑스 원문을 쓰라고 고집했던 두 단어가 앞의 '오브제 프티 아'와 이 '주이상스'였다. 불한사전에 '향락, 쾌락'으로 나오고 영어로는 enjoyment, 비슷한 말로 '플레지르(plaisir, 영어 pleasure)'가 있다.

기쁨, 즐거움, 만족, 쾌락……. 다 비슷한 의미인데 무엇이 다르기에 라캉은 주이상스에 그토록 집착하는가?

영어 enjoyment에는 프랑스어가 갖고 있는 성적 함의가 없다. 그러나 프랑스어 주이상스에는 절대적 오르가슴으로 해석될 수 있는 완전한 쾌락이 들어 있다. 통렬한 고통이나 공포에서 느낄 수 있는 고도의 성애적(性愛的)인 죽음 충동이다. 이 절대적 쾌락은 너무나 무섭고 치명적이어서 보통의 정상적인 인간들은 그 앞에서 유턴하여 되돌아온다. 너무 많은 쾌락은 오히려 욕망을 종식시키고, 욕망과 함께 생명의 종말 그 자체를 불러오기 때문이다.

엑스터시의 선을 넘어서면 죽음의 세계로 들어간다. 그리하여 사람들은 법이 허용하는 온건한 쾌락(pleasure)에 만족하며 살고, 그 쾌락의 종말과 적당한 거리를 유지하기 위해 위험선에서 언제나 되돌아온다. 이것이 항상성의 법칙이다. 소소한 배출을 통해 긴장의 최저 상태를 유지함으로써 안전한 항상성을 유지하는 것이다. 프로이트가 『쾌락 원칙을 넘어서(Beyond the Pleasure Principle)』에서 밝힌 '쾌락 원칙'이 바로 이것이다. 그러나 주이상스는 이 원칙을 위반한다. 주이상스는 쾌락 원칙을 넘어서는 절대적 쾌락이다.

베르니니의 조각상

쾌락이 인간사회의 법체계와 도덕 체계 안에서 즐기는 건강한 쾌락이라면, 주이상스는 금기를 위반하는 절대적 쾌락이다. 라캉은 베르니니(1598~1680)의 조각상 「성녀 테레사의 엑스터시」를 주이상스의 탁월한 예로 들면서, 테레사 성녀의 자서전 한 구절을 인용한다. 조르주 바타이유의 『에로티즘』에 나오는 것을 재인용한 것이다. 라캉의 주이상스 이론에 대한 예시로 이보다 더 적절한 텍스트는 아마 없을 듯하다. 17세기 테레사 성녀가 자신이 고문 받는 모습을 자서전에서 묘사한 부분인데 실제로는 그녀가 꿈에서 본 환상을 기록한 것이다.

나는 그의 손에서 황금으로 된 긴 창을 보았는데, 그 쇠 끝부분에 이글거리는 불의 점을 본 듯했다. 이것으로 그는 내 가슴을 여러 차례 찔렀고, 그것은 내 창자까지 관통했다. 그가 이것을 빼내었을 때 창자도 함께 빠지는 듯 고통이 너무 예리해서 나는 몇 차례 신음했다. 그러나 이 강렬한 고통이 나에게 준 달콤함이 너무나 커서, 나는 하느님에 대한 위대한 사랑으로 온몸이 완전히 불타는 듯했고, 그 누구도 이것을 놓치고 싶어 하지 않을 것이라 생각했다. 신이 아닌 그 어느 것도 이처럼 영혼을 충만하게 해 줄 수 없을 것이다. 비록 육체가 이것을 공유하기는 하지만 이것은 육체에 가해진 고통이라기보다는 차라리 정신에 가해진 고통이며, 그 고통이 전해주는 사랑의 말은 너무도 달콤해서, 만일 누군가가 내가 거짓말을 하고 있다고 생각한다면 그에게 같은 경험을 주시도록 하느님께 간청하고 싶다.

베르니니, 「성녀 테레사의 엑스터시」(부분, 왼쪽)와 미켈란젤로, 「피에타」(부분)

로마에 있는 베르니니의 조각상과 미켈란젤로의 「피에타」를 비교해 보면 라캉의 주이상스가 무엇을 의미하는지 확연하게 드러난다. 십자가에서 예수 그리스도를 끌어내려 무릎에 안고 있는 성모 마리아가

평온하고 평화롭고 평범한 표정이라면, 테레사 성녀의 표정은 극도의 고통이 환희로 넘어가는 순간의 엑스터시다. 이처럼 고통과 환희가 한데 합쳐진 극도의 쾌감, 이것이 바로 주이상스다. 유기체가 견디기에는 지나치게 과도한 주이상스는 과도한 자극이나 흥분이기도 하고, 또는 반대로 너무 적은 흥분의 무기력 상태이기도 하다. 주이상스는 대부분의 경우 견딜 수 없는 고통으로 체험된다.

주이상스는 인간 욕망의 원형

상실된 대상

라캉은 주이상스가 인간의 심리적 정신적 단계인 상상계·상징계·실재계 셋 모두와 관계 있다고 생각한다. 인간은 신체 속에 주이상스를 가진 채 태어나는데, 그것은 유기체가 반드시 제거해야 할 잉여의 흥분 혹은 엄청난 자극이다. 그러나 성장하면서, 즉 젖을 떼고, 교육을 받고, 사회적 법과 규칙의 제재를 받으면서 이것은 몸에서부터 빠져나간다. 어린 아이의 흥분 상태를 어른에게서 찾아볼 수 없는 이유이다.

상상계(유아)에서 벗어나 상징계(성인)로 진입하면서 우리 몸에서 주이상스는 체계적으로 빠져나가지만, 아주 미세한 양의 주이상스가 신체의 끄트머리 혹은 에로틱한 성감대 등 흥분하기 쉬운 특권적 부분에 사로잡혀 그대로 남아 있다. 그것은 제거되지 않고 남아 있다가 다시 돌아와 우리의 몸과 마음에 침입하여 우리에게 불행을 가져다주고 마침내 우리의 존재를 붕괴시킨다. 미세한 양의 주이상스, 그 한 조각의 파편을 라캉은 대상 a라고 불렀다.

아직 상상계에 머물러 있는 아이는, 다시 말해 대상 a가 파편으로 분리되기 전의 아이는 야생의 충동을 가진 고삐 풀린 주이상스의 작은 꾸러미이다. 어머니와 행복한 일체를 이루는 아이의 존재는 그냥 하나의 전체일 뿐, 거기에는 분리도 없고 결핍도 없다. 따라서 욕망이라는 것도 없다. 욕망이란 결핍에서 나오는 것인데, 그 시절의 아이는 결핍을 모르고 모든 것이 충족되어 있었기 때문이다. 이렇듯 대상 a가 분리되기 이전의 우리는 욕망하는 주체가 아니었다.

그런데 어머니와 분리되고 아버지라는 제3자('아버지의 이름')가 등장하면서, '전체'는 균열되고 파편화된다. 동시에 욕망이 생겨난다. 이제 어른이 된 아이는, 유년기에는 있었으나 지금은 잃어버린 '전체(tout, totality)'를 갈구한다. 아이는 '욕망하는 인간'이 된다. 이렇게 우리는 욕망하는 인간이 되었다. 전체를 갈구하는 이 절망적 부족 상태는 인간 모두가 공통적으로 갖고 있는 구조적, 구성적 결핍이다. 라캉에게 있어서 인간이란 곧 '욕망하는 주체'다.

그러므로 주이상스는 단순히 성적 의미만은 아니다. 인간에게 쾌락을 줄 수 있는 모든 대상의 소유·향유를 뜻하는 단어이다. 결국 가장 근원적인 인간 욕망의 원형이다. 내 욕망의 대상이면서 동시에 나의 타자인 주이상스의 성격은 한 마디로 상실된 존재이다.

그런데 과연 이런 주이상스를 우리가 과거에 가져 본 적은 있었던가? 우리가 한때 가졌다가 잃어버린 물건이라면 언제고 다시 찾아 우리의 욕망을 충족시킬 수 있을 것이다. 그러나 이것은 실제의 물건이 아니라 주체인 우리가 우리 삶에서 상실되고 결여되어 있다고 항상 느끼고 있는 그런 막연한 감정이다.

그렇다면 상실이라는 것도 우리가 한때 소유했다가 잃어버렸다는 의미가 아니라, 생겨나는 순간 이미 상실된 대상이라는 뜻이 아닌가. 생겨난 순간에 이미 상실되어 한 번도 소유한 적이 없지만 어쩐지 내가 갖고 있다가 잃어버린 듯한 그런 대상이 바로 주이상스다. 우리에게 그것을 가로막는 제한이 가해지고 그 제한이 금기를 낳자마자, 우리는 마치 과거에 그것을 가졌던 듯한 환상을 갖게 된 것이다. 그리하여 사회화된 주체가 되기 위해 희생시켜야만 했던(혹은 희생시켰다는 환상을 준) 최초 주이상스의 잔여 찌꺼기가 대상 a다. 그러나 그것은 환상에 불과할 뿐이라고 라캉은 말한다. 우리는 언어 이전 혹은 오이디푸스 전 단계의 행복한 시기에 이 작은 잔여물을 실제로 갖고 있었다고 생각하지만, 실은 상징계를 지배하는 **법**(Law)이 우리를 분리시켜 근본적인 결핍을 만들어 낸 결과라는 것이다.

현실태 아닌 잠재태

주이상스는 그러므로 현실태가 아니라 잠재성이다. 현실 속에서 구체적으로 존재하지 않는 것, 따라서 주체에게 결여되어 있는 어떤 것이다. 더 정확히 말하면 주체라는 것 자체가 결핍이다. 욕망하는 주체는 평생 동안 매일같이 자기도 의식하지 못하는 채 이 잃어버린 대상, 라캉이 대상 a라고 부르는 잠재적 주이상스를 쫓으며 살고 있다. 주이상스는 의미와 상징의 밖에 있고, 늘 같은 장소에서 되돌아와 우리에게 고통을 준다. 이렇게 참을 수 없는 고통이 무의식적 충동에서는 만족으로 체험된다는 것이 아이러니하다.

주이상스만큼 칸트의 '숭고' 이론과 그대로 부합되는 개념도 드물다. 칸트에 의하면 숭고의 감정은 카오스적, 무시무시한, 한계 없는 현상에서 발생한다. 다시 말해 숭고의 대상은 인간 세계를 벗어나는 '저 너머'의 대상들이다. 인간의 경험 세계에서 벗어나므로 두렵고 위압적이지만 역설적으로 엄청난 쾌감을 준다. 그것은 불쾌 그 자체에 의해 발생하는 네거티브한 쾌감이다. 미는 그냥 직접적으로 우리에게 쾌를 느끼게 하지만, 숭고는 오로지 불쾌의 매개를 통해서만 우리에게 쾌감을 준다. 그 숭고의 대상이 라캉에게는 **실재** 혹은 **사물**(the Thing)이다.

남근

팔루스

'전설의 각선미', '요염한 팜 파탈' 등으로 불렸던 독일 출신의 신비한 여배우 마를렌 디트리히(1901~1992)를 인터뷰한 「라이프」지 기사를 읽은 적이 있다.

"당신의 일생 중 어느 때가 가장 행복했었느냐"는 질문에 마를렌이 "딸이 어렸을 때"라고 대답하는 것을 보고 깜짝 놀랐던 생각이 난다. 노년에 접어든, 그토록 화려했던 왕년의 여배우가 온 세상이 자기를 추앙했던 전성기의 배우 때가 아니라 고작 어린 딸을 키우던 때가 가장 행복했었다니…….

그리고 나를 돌아보며 '나는 언제 가장 행복했던가' 생각해 보니, 한창 젊었던 20대 초반도 아니고 남편이 회사에서 승승장구하던 때도 아니고, 나 역시 아이들 어렸을 때가 "아!" 하는 탄식이 절로 나오는 가장 행복한 시절이었다. 고물고물한 두 아이들을 힘들게 키우던 그 당시는 그렇게 행복한 시절인 줄도 모르고 힘들다는 생각밖에 없었다.

바로 옆집에도 비슷한 또래의 아이 둘을 키우는 엄마가 있었다. 나도 그런 사람이지만 그 엄마도 미모와는 거리가 멀고 몸을 꾸미는 일에도 관심이 없었다. 그저 열심히 아이들을 키우고 있었는데, 그 반짝반짝 예쁜 두 아이들을 보며 나는 '어머니 됨'이란 모든 미추(美醜)를 초월한다는 것을 깨달았다. 그리고 아이는 어머니에게 굉장한 자신감과 힘을 준다는 것도.

"어머니에게는 아들(아이)이 팔루스(남근)의 역할을 한다"는 라캉의 구절이 떠오르며, 문득 그 난해한 라캉의 남근 중심주의가 이해 되었다. 모두가 선망하고 모두에게 힘을 주는 팔루스, 그러나 알고 보면 그 누구에게도 팔루스는 없고, 팔루스는 환상에 불과한 것이라는 그런 이야기.

그리스어로 남근이라는 의미의 팔루스(phallus)는 라캉에게는 생물학적 페니스(penis, 음경)나 특정 인물의 페니스가 아니다. 물론 생물학적 기능에서 유래한 은유이지만, 그것은 오로지 언어적 의미에서만 이해될 수 있는 기표이다. 라캉의 남근은 인간 존재의 결여를 채워 줄, 인간 욕망의 대상으로서의 기표인 것이다. 아버지의 남근은 어머니-아이 관계를 깨뜨리는 제3자로 들어와 인간관계를 구조화하고, 여성을 종속시키며 주변화시킨다. 그런 점에서 남근은 가부장적 질서의 지배와

'아버지의 법'을 의미한다고 일차적으로 말할 수 있다.

남근이라는 말 때문에 라캉은 페미니스트들로부터 남근 중심주의자로 비난받아 왔다. 그가 남근을 특권적인 기표라고 공언한 것도 사실이다. 그러나 그가 말하는 남근은 남성만의 것이 아니다. 누구에게나 잠재적으로 부재하고, 누구나 필연적으로 잃어버린 욕망의 대상이다. 남성들은 자신이 이것을 갖고 있다고 스스로 생각하고, 여성들은 자신에게 이것이 결여되어 있다고 간주한다.

우리가 무엇을 원한다는 것은 우리에게 그것이 결핍되어 있기 때문이다. 라캉은 남근이라는 특권적 기표를 얻고자 하는 것이 모든 주체의 욕망이라고 했다. 우리가 남근의 기표를 욕망한다는 것은 결국 우리에게 남근이 없기 때문이다. 라캉의 남근은 결코 어느 살아 있는 남성의 소유물이 아니고, 남성과 여성을 분할하는 표지로서의 성기 그 바깥에 있는 것이어서, 심지어 어머니의 것이기도 하다. 아예 육체적인 것이 아니라 상징적인 것이다. 라캉은 완전성의 상징으로 남근이라는 기표를 선택했을 뿐이다.

청소년기 이전까지는 아들이건 딸이건 모두 어머니가 원하는 남근이 되려고 어머니와 남성적 관계를 갖는다. 아버지의 법의 세계인 상징계에 진입하면서 딸은 남근을 갖고 있지 못한 어머니와 자신을 동일시하며, 남근을 갖고 있는 듯이 여겨지는 아버지를 더 좋아하게 된다. 이때부터 딸은 남근을 갖기를 욕망한다.

그러나 남자도 여자도 누구도 남근을 갖고 있지 않다. 남근은 거세와 연관된 결여의 기표다. 남성은 무의식 속에 거세 콤플렉스가 있다. 자신의 남근이 상실될 것이라는 위협을 느낀다. 여성은 원천적으로 남근이 박탈되어 있음을 인지하고 박탈감을 느낀다. 그래서 여성의 구조적 태도는 선망이다.

남근은 그러니까 신체 기관이 아니라 기표, 아주 '순수한' 기표다. 불가능한 정체성의 최고 기표이고, 권위와 권력을 배급하는 주요 기표이며, 우리의 욕망의 대상이다. 라캉은 박탈이나 선망 대신 향수(노스탤지어)라는 단어를 쓰기도 한다. 거세된, 다시 말해 남근이 박탈된 라캉적 주체는 그 상실감으로 인해 평생 노스탤지어를 느낀다.

그렇다면 라캉은 왜 하필 남근이라는 기표를 선택했을까? 거세 콤플렉스와 밀접한 연관이 있기 때문일 것이다. 페니스는 남아에게는 거세 불안을, 여아에게는 페니스 선망을 일으킨다. 남아에게는 권력으로의 접근을 가능케 하는 희망이면서 동시에 어머니와의 오이디푸스적 결합이 불가능함을 깨우쳐 주는 요소이고, 여아에게는 자신에게 페니스가 없다는 부재의 인식을 심어 주는 대상이다. 그러므로 남근은 남아·여아 모두에게 결여의 인식을 주는 요소다.

상징적 거세와 권력

그러나 남근은 권력과 생식력의 상징이기는커녕 체계의 구조적 실패를 상징한다. 거세란 폭력적인 신체적 절단이지만, 남성이 거세 공포를 느낀다는 것은 어디까지나 상징적 거세를 의미한다. 상징적 거세는 우리가 비신체적인 영역으로 들어가도록 도와준다. 그런데 이상하게도 남근이라는 기표의 상징적 거세는 세속적 권력을 가져다준다. 전통적 대관식에서 권력을 상징하는 물건들인 왕홀(王笏)과 왕관을 생각해보자. 왕은 권력을 행사하기 위해 왕홀이나 왕관을 걸친다. 왕홀을 손에 쥔 사람 또는 왕관을 머리에 쓴 사람은 비록 그가 거리의 거지 왕자였더라도 그의 말은 곧 왕의 말이다. 그러나 왕홀이나 왕관은 그의 외부에 있는 것, 즉 외적인 것일 뿐 그의 본질의 일부는 아니다. 왕은 그것들을 그냥 걸쳤을 뿐이다. 그것들을 벗으면 그는 더 이상 왕이 아니다. 왕홀이나 왕관은 왕의 실존적 존재와 그가 실행하고 있는 기능 사이에 이처럼 간극을 도입한다. 왕홀이나 왕관은 그를 '거세'시킨 것이다. 왜냐하면 권력을 갖고 있는 것은 왕홀이나 왕관이지 정확히 왕 그 사람은 아니기 때문이다.

이렇게 현실적 권력이 나에게 부여하는 권한과 직접적으로 '나'인 나의 '권한' 사이에는 틈새가 벌어진다. 하지만 정확히 이런 의미에서 거세란 권력과 정반대 것이기는커녕 권력과 동의어이다. 거세는 나에게 권력을 부여하기 때문이다. 왕이나 판사가 걸치는 망토는 그러므로 축제 때 쓰는 가면과 기능이 똑같다.

그리고 보면 권력자인 주체가 이미 남근을 소유하고 있었다 해도 남근은 이제 더 이상 별 볼일 없는 것이 된다. 들뢰즈는 그래서 남근을 자신의 핵심 용어인 '신체 없는 기관'으로 명명한다. 내가 걸치는, 결코 내 몸의 유기적 일부가 아닌, 언제나 보기 흉한 초과적 보충물이라고.

이것이 바로 상징적 거세의 의미다. 상징계, 즉 언어 체계에 진입하기 위해 주체가 치러야 할 자기희생이 바로 거세다. 주체는 기표와의 관계를 통해 자신의 삶에서 무엇인가를 박탈당한다. 박탈당한 것은 주체와 기표가 결합됨으로써 가치를 띠게 된 남근이다. 그러니까 주체가 박탈당한 것은 바로 남근이다. 남근은 의미화 과정에서 주체가 소외되었음을 나타내는 기표이다. 이 기표를 박탈당한 주체는 어떤 특정한 대상을 자신의 욕망의 대상으로 삼게 된다. 이것이 공식 '$\$ \diamond a$'가 나타내는 의미이다.

라캉은 마치 물리학이나 수학 논문이라도 쓰는 듯 많은 도표와 수식을 자신의 담론 장치로 사용했는데, 그중의 하나가 '$\$ \diamond a$'다. '빗금 쳐진 S'($\$$)는 거세된 주체, 혹은 주체성을 박탈당한 주체이다. $\diamond$는 '향한다, 원한다, 욕망한다'라는 뜻이다. a는 대상 a(오브제 프티 아)이다. 대상 a는 물론 욕망의 대상이 아니라 욕망하게 만드는 대상이다. 그러니까 '$\$ \diamond a$'라는 이 복합기호는 "거세된 주체가 대상 a를 욕망한다"라는 환상 구조의 공식이다.

슈퍼맨의 정체를 알려고 하지 말아요

거세와 권력과의 관계는 "바그너의 수행적 발화(The Wagnerian Performative)"라는 슬라보예 지젝의 글에서 분명하게 드러난다.

수행적(修行的) 발화(發話)란 발설이 되자마자 하나의 행위를 수행하게 되는 그런 언어 행동을 말한다. 흔히 우리는 말이란 어떤 대상을

묘사하거나 또는 어떤 내용을 전달하는 기능만 갖고 있는 줄 안다. 그러나 주어진 현실을 기술할 뿐만 아니라 그것이 기술하는 사회적 현실까지 변화시키는 문장도 있다. 예를 들면 사과나 감사의 말, 환영 인사, 명령, 선언 같은 것들이다. 이런 말들은 발설 그 자체가 행동이다. 목사님의 성혼 선언은 두 젊은 남녀를 부부로 만들어 주고, 판사의 무기징역 선고는 한 살인범을 평생 감옥에 있게 만든다. 이런 것이 수행적 발화(performative utterance)다.

바그너의 오페라 「로엔그린」은 한 이름 없는 영웅이 엘자 폰 브라반트를 구해 주고 그녀와 결혼하는 이야기다. 하지만 그는 아내에게 자신이 누구인지, 이름이 무엇인지를 묻지 말라고 요구한다. 그녀가 그 질문을 하는 순간 그는 그녀를 떠날 수밖에 없다고 했다. 그러나 유혹을 못 이긴 엘자는 그에게 치명적인 질문을 한다. 그러자 로엔그린은 자신이 성배의 기사이며, 몬살바트 성에서 온 파르지팔의 아들이라고 말한 후 백조를 타고 떠나 버린다. 졸지에 남편을 잃은 엘자는 쓰러져 숨을 거둔다.

금지된 질문이라는 주제를 다루고 있는 이 오페라는 전형적인 자기 파괴적 여성의 역설을 다루고 있다. 동화 『푸른 수염』에서 남편이 들어가지 말라고 금지한 방에 들어가는 여자, 또는 히치콕의 「오명」과 프리츠 랑의 「문 너머의 비밀」에 나오는 호기심 많은 여자들이 모두 같은 계열의 여성 캐릭터들이다. 금지된 불가사의를 깨트리는 여자들의 이야기는 통상적으로 자기 자신의 여성성과 대면할 준비가 되어 있는 여성들의 신화로 해석된다. '판도라의 상자'는 궁극적으로 여성 생식기의 은유라는 설도 있다.

슈퍼맨이나 배트맨 영화들도 알고 보면 '거세-권력'의 모티브가 핵심 주제다. 두 경우 모두 여주인공들은 자신의 파트너가 실제로 그 불가사의한 대중들의 영웅일지도 모른다는 예감을 갖는다. 「슈퍼맨」에서의 당황해하는 기자, 「배트맨」에서의 괴짜 백만장자가 그들이다. 하지만 파트너는 누설의 순간을 최대한 연기시킨다. 여기서 바로 우리는 거세의 모티브를 발견한다.

슈퍼맨 이야기

1978년에 제작된 〈슈퍼맨〉 시리즈의 첫 번째 작품에서 슈퍼맨 클라크는 대도시의 언론사 데일리 플래닛에 입사한다. 여기자 로이스 레인은 그를 그저 얼빠진 신입 사원이라고만 생각한다.

어느 날 로이스 레인이 탄 헬리콥터가 케이블이 엉켜 건물 옥상에 걸리는 사건이 일어나자 클라크 켄트는 근처의 자동문에서 슈퍼맨 옷으로 재빨리 갈아입은 뒤, 추락하려는 헬리콥터를 붙잡아 올려 로이스를 구해준다. 그 이후로 슈퍼맨은 붉은 망토와 빛나는 붉은 장화, 파란 옷을 입고 큰 파랑새처럼 날아다니며 도둑이나 무장한 범죄자들을 잡는다.

로이스 레인은 슈퍼맨과 단둘이 만나 단독 인터뷰를 성사시켰다.

슈퍼맨과 함께 메트로폴리스 상공을 날아다니는 매력적인 경험을 하기도 했다.

높은 규모의 강진이 캘리포니아에서 계속 일어나자 슈퍼맨은 사람들을 구하다가 결국 로이스 레인의 죽음을 막지 못했다. 분노한 슈퍼맨은 우주의 아버지 조 엘과의 "인간의 역사에 간섭해서는 안 된다"는 약속을 깨고, 지구의 자전을 거꾸로 돌려 로이스 레인이 죽기 전 시간대로 돌아간다.

다시 살아난 로이스 레인이 슈퍼맨과 키스하려는 순간, 직장 동료 지미가 달려오자 슈퍼맨은 환하게 웃으며 우주로 날아가 버린다. 로이스는 이럴 때면 항상 클라크가 없다는 점을 상기하고 사실 슈퍼맨의 정체가 클라크 아닐까 하는 추측을 하지만, 곧 어리석은 생각이라고 넘겨 버린다.

클라크가 자신이 슈퍼맨임을 밝히지 않고, 로이스 레인과 본격적으로 연인이 되었으면 좋겠는데 왜 그러지 않는지, 관객들은 감질나고 아쉬워했다. 지젝의 라캉 해석에서 비로소 우리는 그 이유를 알게 되었다. 일상 속의 성적(性的) 인간은 영웅과 양립할 수 없다는 것, 평범한 연인 혹은 남편이 되거나 아니면 영웅이 되거나 둘 중에서 하나를 선택해야만 한다는 것, 클라크가 "내가 바로 슈퍼맨이다"라고 발설하는 순간, 그리하여 그의 정체가 밝혀지는 순간 그는 더 이상 슈퍼맨이 될 수 없다는 것을.

남자는 성적 관계가 가능한 '일상의 유약한 사내'와 상징적 임무를 위임받은 '공적 영웅'의 두 인격으로 분리되어 있다. 성배의 기사도 그렇고 슈퍼맨 혹은 배트맨도 그렇다. 여기서 그들의 연인은 선택을 해야만 한다. 성적 관계의 가능성을 유지하려면 파트너의 진짜 정체를 알려고 하지 않아야 한다. 성적 파트너로 하여금 자신의 상징적 정체성을 드러내도록 강제하는 순간 그녀는 애인을 잃게 된다.

역시 바그너의 「방랑하는 네덜란드인」의 결말부에서, 화가 난 미지의 선장이 자신은 충실한 아내를 찾아 수백 년 동안 바다를 떠도는 '방랑하는 네덜란드인'이라고 공공연히 선언할 때, 그리고 「파르지팔」에서 파르지팔이 왕의 역할을 넘겨받고 성배를 공개하자 그를 연모하던 쿤드리가 쓰러져 숨을 거둘 때, 우리는 영웅의 상징적 위임과 여자의 존재는 양립 불가능한 것임을 알게 된다. 햄릿이 너무 늦게 마침내 자신의 생각을 행동으로 옮기면서 "나는 덴마크 왕 햄릿이다"라고 선언하는 장면도 마찬가지다. 남자가 "나는 로엔그린이다, 배트맨이다, 슈퍼맨이다"라고 말하면서 자신의 위임을 천명하는 순간 그는 성(性)의 영역에서는 스스로를 배제하는 것이다.

이 모든 금지 서사의 진정한 비밀은 남근이 유사물이라는 사실이다. 여자만이 아니라 남자 자신도 이미 '거세되어' 있기 때문이다. 슬라보예 지젝의 글은 우리를 라캉의 이론에 좀 더 가까이 가게 해 주고, 라캉의 글은 다시 또 지젝의 글을 좀 더 잘 이해할 수 있게 해 준다.

햄릿과 남근

가장 위대한 작품이며 비극의 원형인 『햄릿』

셰익스피어의 희곡 『햄릿』은 영어로 된 문학작품 중 가장 위대한 작품 중의 하나다. 덴마크의 왕자 햄릿이 자신의 아버지를 죽이고 어머니 거트루드와 결혼한 삼촌 클로디어스에게 복수하는 과정에서 일어나는 비극이다. 아버지가 햄릿의 오인으로 인해 죽임을 당한 후 오필리어는 물에 빠져 자살하고, 왕비는 독이 든 포도주를 마시고 죽고, 왕은 햄릿의 칼에 죽는다. 오필리어의 오빠 레어티즈와 햄릿도 결투를 하다가 둘 다 죽는다. 모든 주인공이 무대 위에서 죽는 전형적인 비극이다. 초연된 지 400년이 지난 오늘날에도 끊임없이 어딘가에서 공연되고 있고, 끊임없이 새로운 관점으로 재해석되고 있는 희곡이다.

프로이트는 『햄릿』을 '애도'의 차원에서 분석했다. 「애도와 우울증 (Mourning and Melancholia)」이라는 제목의 논문에서였다. 라캉은 이를 이어받아 다시 자신의 핵심 개념인 남근의 주제로 수렴했다.

오필리어

님은 떠나갔어요 먼 나라로 / 님은 가셨어요 / 영영 하늘나라로 / 머리맡엔 푸른 잔디 / 발치에는 묘비석이 / 하나 서 있어요. 예쁜 꽃 속에 파묻힌 내 님 / 저세상 길을 떠난다네 / 사랑하는 연인은 눈물로 얼룩지고 (……)

아버지는 연인에게 살해되고, 연인은 잉글랜드로 추방되어 멀리 떠나가 버리자 가여운 여인은 그만 실성하여 꽃을 손에 꼭 쥔 채 이렇게 노래를 부르며 들판을 헤매다가 물에 빠져 죽는다. 오필리어의 익사 장면을 묘사하는 거트루드의 다음 대사는 그 자체로 아름다운 낭만주의 시 한 구절 같다.

시냇물 가 버드나무 비스듬히 자란 곳, 수면에 회백색 잎가지들 비치고 있는 그곳에 그애가 미나리아재비, 쐐기풀, 실국화, 자란(紫蘭) 따위 섞어 만든 신비스런 화관 쓰고 왔지. 자란에 대해서는, 입이 건 목동들은 상스런 이름으로 부르고 있지만, 얌전한 소녀들은 죽은 사람의 손가락이라고 불렀지. 버드나무 늘어진 가지에 그 아름다운 화관을 걸려고 올라갔을 때, 심술궂은 가지가 부러져 그만 오필리어는 화관과 함께 흐느끼는 시냇물로 떨어졌다네. 옷자락이 활짝 펴져 잠시 인어처럼 물 위에 떠 있는 동안 그 아이는 띄엄띄엄 노래 불렀어. 마치 자신이 처한 위험을 전혀 모르는 사람처럼. 아니, 마치 물에서 태어나, 물속에 사는 생물처럼. 하지만 그것도 잠깐, 물을 빨아들여 무거워진 옷이 바닥의 진흙 속으로 가련한 그 애를 끌고 들어갔지. 아름다운 노랫소리와 함께. (제4막 3장)

존 에버렛 밀레이, 「오필리어」

밀레이, 워터하우스 등 19세기 영국 라파엘 전파 화가들은 익사한 오필리어의 모티브를 따서 물에 빠져 죽은 소녀의 그림을 많이 그렸다. 그중에서 가장 유명한 것이 밀레이의 그림이다. 마치 나뭇가지로 엮은 듯한 드레스를 입고 녹색 수초와 꽃에 둘러싸여 물 위에 떠 있는 젊은 여인의 그림은 몸에 한기가 느껴지도록 음습하면서도 전율이 느껴진다.

재상 폴로니어스의 딸 오필리어는 햄릿을 사랑했지만 아버지와 오빠는 이 사랑을 반대하며 헤어지기를 종용한다. 햄릿을 비밀스럽게 만나던 오필리어는 미친 사람 같은 그의 행동을 보고 깜짝 놀란다. 햄릿은 아버지의 유령이 전해 준 살인사건이 사실인지 알기 위해 일부러 미친 척하는 것이다. 광증은 일종의 가장(feigning)이었다. 비록 잘 안 쓰이긴 하지만 우리말에도 미친 척한다는 뜻으로 양광(佯狂)이라는 단어가 있다.

오필리어가 아버지와 오빠에게 햄릿의 이상한 행동을 말하자, 폴로니어스는 햄릿이 환각제를 탐닉했을 것이라 짐작하고 이를 클로디어스와 거트루드에게 알린다. 그러자 햄릿은 오필리어에게 "천박한 것"이라 욕하며 수녀원으로 갈 것을 종용한다. 중세 언어에서 수녀원은 사창가와 똑같은 의미다. 오필리어는 심하게 상심한다.

휘장 뒤에 숨어서 어머니 왕비와 아들 햄릿의 대화를 엿듣던 폴로니어스는 그를 왕으로 착각한 햄릿에 의해 죽임을 당한다. 폴로니어스를 죽인 혐의로 햄릿은 영국으로 추방되고, 햄릿이 미친 척하며 자신을 매도하는 데 큰 상처를 받은 오필리어는 그가 자신의 아버지까지 죽이자 감당할 수 없는 정신적인 충격을 받고 실성하여 물가에서 거닐다가 익사한다. 사실상 자살이다.

가톨릭에서 자살은 죄악이기 때문에, 이게 자살인지 단순 익사인지 애매하게 하기 위한 여러 가지 장치들이 동원된다. 자살했을 게 틀림없는 오필리어가 어떻게 교회 묘지에 묻히는지를 무덤 파는 사람들이 토론하는 장면이 나온다. 그중 한 명은 오필리어의 사회적 지위가 그렇게 높지 않았다면 다르게 취급되었을 것이라고 얘기한다. 사제 역시 왕의 특명으로 할 수 없이 관례를 깨뜨렸지만, 교회의 법규대로 했다면 오필리어의 시신은 부정한 땅에 매장된 채 최후의 심판 날까지 기다려야 했을 것이라고 말했다. "진혼 미사를 올린다거나 평화롭게 세상을 떠난 사람들에게 바치는 안식 기도를 바친다면, 신성한 장례의식을 모독하는 일이 될 것"(제5막 1장)이라면서.

종부성사 없는 죽음

희곡은 죽은 아버지의 햄릿의 유령이 아들 햄릿 앞에 나타나면서 시작된다. 아버지는 잠자는 도중 전혀 예측하지 못했던 공격을 받아 죽었다. 잠자는 도중이란 깨어 있을 때와 전혀 다른 상태다. 유령의 말마따나 그는 죄가 만발한 상태에서 목숨이 끊겼다. 죄가 한창일 때 자신도 모르는 사이에 갑자기 죽음을 당했으므로 죽기 전에 평정을 찾거나 신부 앞에서 종부성사를 하고 마음의 준비를 할 겨를이 없었다. 따라서 영원히 죄과를 치러야 하는 것이 너무나 고통스럽다고 유령은 호소한다. 동생에게 살해당해 왕위를 빼앗긴 것보다 오히려 신에게 자신의 죄에 대해 용서를 구하거나 기름 바름 등의 종부성사를 받지 못하고 죽은 것이 더 애통한 모양새다.

라캉의 용어를 따르자면 『햄릿』에서 아버지(유령)는 처음부터 '빗금 쳐진' 상태, 즉 거세된 주체로 나타난다. 그는 살아 있는 사람들의 세계에서 소외되었을 뿐만 아니라 자신이 지은 죄를 갚을 수 있는 기회로부터도 제외되었다. 도저히 갚을 수 없는 부채인 죄를 짊어지고 지옥의 왕국에 들어가는 것이다. 실제로 이 점이 아버지가 아들에게 폭

로하는 가장 무서운 의미였다.

햄릿은 아버지의 유령에게 복수를 약속하고, 기회를 얻기 위해 미친 척하기로 한다. 한편 귀신의 말이 모두 사실인지 의심하는 마음도 있어서, 살인의 현장을 극화해 공연하기로 한다. 이것이 무언극(팬터마임)으로 진행되는 극중극의 첫 부분에서 그대로 재현된다. 왕실은 선왕이 독사에 물려 죽었다고 발표했지만 실제로 아버지는 꽃으로 만든 침상에서 누군가가 귀에 넣은 사리풀 독으로 죽는다.

살인 현장을 극화한 극중극이 진행되는 동안 왕 클로디어스는 눈에 띄게 안절부절못한다. 자신의 행동이 똑같은 모습으로 재현된 극을 보며 클로디어스는 마음속 깊은 곳까지 흔들리고 있다. 햄릿은 승리감을 만끽하며, 왕을 조롱하고 복수를 결행하기로 다짐한다. 어머니를 만나러 가는 도중 그는 마침 기도하고 있는 왕을 본다. 등 뒤에 위험이 도사리고 있다는 사실조차 모르는 채, 자신을 전혀 방어할 수 없는 상태에서 기도하고 있는 클로디어스를 그러나 햄릿은 죽이지 못한다. 그럴 때가 아니기 때문이다. 기도란 일종의 참회의 표현이어서 클로디어스에게 구원의 길을 열어 주는 것이므로, 기도 중인 그를 죽이는 것은 아버지의 복수를 잘 행한 것이라 할 수 없기 때문이다. 그런 순간에 클로디어스를 천당으로 보내는 것은 원수에게 친절을 베푸는 것 아닌가.

오이디푸스와 햄릿의 차이점

삼촌이 아버지를 죽이고 주인공의 어머니와 결혼한다는 설정은 햄릿과 오이디푸스 이야기가 서로 비슷하다. 그러나 두 서사의 다른 점은, 오이디푸스와 달리 햄릿은 모든 것을 알고 있다는 것이다. 햄릿의 비극은 오이디푸스의 비극과 달리 "도대체 무슨 일이지?" "무슨 죄일까?" "범인은 누구야?"라는 질문으로 시작되지 않는다. 『햄릿』은 주체가 이미 명백히 알고 있는 범죄에 대해 공공연하게 비난하는 것으로 시작된다.

오이디푸스는 자기가 하는 짓을 전혀 모르고 있었으므로 실제로는 완전히 무죄이다. 그는 마치 꿈속에서처럼 범죄를 저질렀으며, 그에게 삶은 하나의 꿈이었다. 그리고 마침내 오이디푸스는 스스로 자신을 벌하고 결국 거세당한다. 라캉에게 가장 중요한 것은 처벌, 제재, 그리고 거세다. 거세는 성(性)을 교화하는 숨겨진 열쇠인데, 이 열쇠에 의해 욕망이 전개되기 때문이다.

동등한 위치의 주인공은 아니지만, 오이디푸스는 스스로 죄과를 지불하는 반면, 햄릿의 아버지는 기습적으로 목숨을 잃어 죄과를 치를 가능성을 영원히 잃고 마는 것도 두 비극의 차이점이다. 오이디푸스는 눈을 찔러 소경이 됨으로써 스스로 거세라는 짐을 짊어지고 가는 영웅이 되었지만, 햄릿의 아버지는 죄 사함을 받는 의식 없이 기습적으로 죽었기 때문에 이런 비극적 영웅이 될 가능성이 아예 차단되었다. 정신분석 이론에서 실명은 거세와 같은 가치를 지닌다. 죽기 전에 하느님에게 용서를 구해 죗값을 치른다는 것이 서양인들의 의식 속에서 얼마나 중요한 위치를 차지하는지 새삼 깨닫게 된다.

거부된 남근

"나는 한때 당신을 사랑했었지"라고 말한 후 햄릿은 오필리어를 지속적으로 잔인하게 공격한다. 햄릿은 오필리어를 더 이상 여성으로 대하지 않는다. 그의 눈에 그녀는 모든 죄를 낳는 산부(産婦), 온갖 비방을 들을 수밖에 없는 미래의 죄인들을 낳는 사람에 불과하다. 그녀는 더 이상 그의 삶의 기준이 아니다. 다시 말해 파괴되고 손실된 대상이다. 이 단계에서 오필리어는 주체에 의해 외화되고 거부된 남근이다. 오필리어(Ophelia)라는 이름은 '오, 팔로스(O phallos)'로 해석될 수 있다고 라캉은 말한다.

주로 어머니의 면전에서 클로디어스에게 쏟아 붓는 햄릿의 모욕적인 말들은 "조각으로 이어붙인 왕(a king of shreds and patches)"이라는 표현에서 절정을 이룬다. 이것은 오이디푸스의 비극과 달리 햄릿의 비극에서는 아버지가 살해된 후에도 남근이 여전히 존재하고 있음을 의미한다. 햄릿의 비극에는 남근이 분명히 존재하며, 그 남근을 구현한 사람은 바로 클로디어스다. 모든 상황에 클로디어스의 실제 남근이 항상 존재한다. 어머니가 그 남근에 의해 충족되었다는 사실 외에 햄릿이 달리 무슨 까닭으로 어머니를 비난했겠는가? 그는 말리던 손을 놓고 아무 말도 못 한 채 클로디어스에게 어머니를 보내고 만다. 그토록 클로디어스는 실제로 존재하며 극 전개의 중심이 되는 치명적이고 결정적인 대상이다.

통상의 다른 여자들과 비슷한 감정을 보여 주던 어머니가 자신의 시동생인 클로디어스를 택했다는 것은 그에게 그녀를 이끄는 무엇인가가 있었다는 얘기다. 이 점이 햄릿의 행동을 더디게 하고 주저하게 만든다. 그는 전혀 예기치 못했던 것 앞에서 전율한다. 왜냐하면 오이디푸스 콤플렉스 안에 있어야 할 남근이 제자리를 완전히 벗어나 있기 때문이다. 그리고 공격해야 할 남근이 실제로 존재하고 있었기 때문이다. 그래서 햄릿은 매번 행동하지 않고 흠칫 멈추곤 했다. 오이디푸스 콤플렉스의 소멸에 대해 프로이트가 말했듯이 매순간 햄릿을 주저하게 만든 것은 자기애였다.

"왜 아무도 히틀러를 암살하지 않았는가?"라는 질문이 가끔 제기된다. 그 답을 우리는 프로이트의 『집단 심리학과 자아 분석』에서 찾아볼 수 있다. 히틀러가 전면에 등장하기 시작한 1921년에 쓰인 이 책에서 프로이트는 히틀러가 '동일시'를 통해 군중을 동질화시키는 '대상 x'라고 이미 예견했다. 그의 정확한 통찰이 놀랍기만 하다. 그에 의하면 사람들은 복잡한 삶에 불안을 느끼고 그 불안에서 벗어나기 위해 절대자를 필요로 한다. 불안한 시기일수록 대중은 단 하나의 확실한 비전을 강조하는 지도자에게 이끌린다. 그래서 일상적으로 자신의 삶을 즐기기보다는 자신보다 위대한 존재와 결합함으로써 뭔가 더 높은 진리를 구하려 한다. 인간이란 자신의 욕망을 통제하는 인물을 찾아 그에게 지배받기를 원하기 때문이다.

프로이트가 말하는 대중과 지도자의 관계는 결국 힘과 권능의 기표인 남근이 수수께끼처럼 구체화되는 방식이다. 우리는 결코 남근을 공격할 수 없다. 왜냐하면 그 남근은 바로 나와 동일시되는 것이기 때문이다. 그리고 아무리 실제적인 것이라 할지라도 그 남근은 바로 유령(ghost)이기 때문이다.

『햄릿』에서 남근은 매우 놀라운 형태로 현실 속에서 나타난다. 즉, 죄인이며 약탈자인 클로디어스에게서 나타난다. 기도하는 클로디어스를 보았을 때 햄릿은 흠칫 놀라 스스로 행동을 저지한다. 결코 두려움 때문이 아니다. 클로디어스를 경멸했을 뿐이다. 그럼 왜 공격하지 못했는가? 햄릿은 공격 대상이 거기에 있는 클로디어스가 아니라 그 뒤에 있는 남근이라는 사실을 알고 있었기 때문이다. 물론 2분 후에 어머니의 방에 도착해서 그녀를 몰아세우기 시작할 때, 그는 커튼 뒤에서 나는 소리를 듣고 살펴보지도 않은 채 달려들어 칼로 찌른다.

어느 통찰력 있는 비평가는 햄릿이 옆방에 있는 클로디어스를 떠나온 지 얼마 안 되었으므로 커튼 뒤에 있는 사람을 클로디어스라고 생각하진 않았으리라는 점을 지적한다. 그럼에도 불구하고 불쌍한 폴로니어스를 꺼냈을 때, 그는 "못난 바보 같으니, 경솔하게 아무 데고 끼어드니 이 꼴이지……. 나는 당신보다 더 큰 상전인 줄 알았지"라고 말한다. 누구나 햄릿이 왕을 죽이려 했다고 생각하겠지만, 그는 정작 실제 왕이며 약탈자인 왕이 있는 곳에서는 주저하고 만다. 그는 좀 더 나은 시간, 혹은 좀 더 다른 누군가를 원했다. 즉, 자신의 아버지처럼 죄가 만발한 상태에서 왕을 죽이고 싶어 했다. 앞에 무릎 꿇고 있는 클로디어스는 햄릿이 죽이려고 쫓던 그런 사람이 아니었다. 다시 말해 죽이기에 적합한 그런 클로디어스가 아니었다.

결국 남근의 문제이다. 치명적으로 상처를 입고 자신이 그 사실을 알게 되는 순간까지 그는 결코 '그것'을 공격하지 못한다. '그것(the thing)'은 햄릿의 문체에 나타난 작은 수수께끼들 속에 이상하게, 그렇지만 명백하게 표현되어 있다.

햄릿에게 폴로니어스는 어떤 의미에서 아버지의 영전에 희생시킨 송아지에 불과하다. 폴로니어스의 시체를 계단 아래 숨겨 두고 시체를 어떻게 했느냐는 다른 사람들의 질문을 받고서 햄릿은 그의 적들을 혼란시키는 몇 마디 농담을 한다. 듣는 시종들은 모두 그의 말이 무엇을 의미하는지 의아해한다. 왜냐하면 그의 말이 그들 모두를 참을 수 없게 감질 나는 상태로 몰고 가기 때문이다. 이 장면의 햄릿의 대사는 지금까지도 비평가들에게 거의 수수께끼로 남아 있다. 그러나 라캉은 그 수수께끼를 풀었다.

> **로즌크랜츠** 나리, 시체 있는 곳을 알려 주십시오. 그리고 나서 어
> 전에 나가십시다.
> **햄릿** 시체는 왕과 함께 있지. 그러나 왕은 시체와 함께 있
> 지 않아. 왕이란….

수수께끼의 요체는, 시체를 'corpse'로 하지 않고 'body'라고 말했다는 점이다. 그러니까 햄릿의 첫 번째 대답은 "몸은 왕과 함께 있지(The body is with the king)"이다. 물론 body가 시체를 뜻하기도 하지만, 여기서 햄릿은 굳이 corpse라는 단어를 사용하고 있지 않다. 이어서 "그러나 왕은 몸과 같이 있지 않아(but the king is not with the body)"라고 말한다. 시체를 몸으로, 왕을 남근으로 대체해 보자. 그러면 몸은 남근과 밀접한 관련을 맺고 있지만 남근은 몸과 관계가 없다는 점이 명확히 드러난다. 그것은 항상 손가락 사이로 빠져나간다. 아무것도 아닌 어떤 '것'으로.

햄릿	왕은 어떤 '것'이야…(The king is a thing ...).
길든스턴	나리, 어떤 '것'이라구요?(A thing, my lord?)
햄릿	아무것도 아닌 어떤 '것'(Of nothing).

(제4막 2장)

애도와 우울

사랑하는 사람이 죽었을 때 그 상실에서 발생하는 정상적인 고통이 애도이다. 그런데 애도가 충분치 않으면 살아남은 사람들은 죄의식을 느껴 자아상실과 망상에 시달리게 된다. 이 병리적 상태가 멜랑콜리다.

프로이트는 "애도와 우울"에서 애도는 정상적인 심리 상태이지만 우울은 병적인 것이라고 분석한다.

죽은 사람이 만족하지 못하여 유령이나 귀신으로 나타난다는 것은 산 사람의 애통과 죄의식이 만들어 낸 인류 보편의 전설이며 미신이다. 유령이란 누군가의 죽음에 적절한 의식을 행하지 않았을 때 산 사람 앞에 나타나는 헛것이다. 영화 제목이기도 한 레버넌트(revenant, 르브낭)는 프랑스어로 '다시 돌아오는 자'라는 뜻이다. 죽은 자가 저승 세계에 가 있지 못하고 산자들 가운데로 다시 돌아왔다는 것이다.

『햄릿』은 처음부터 끝까지 애도에 관한 이야기다. 『햄릿』에는 모든 경우의 애도에 한 가지 요소가 계속 나타나는데, 그것은 애도의 의식이 항상 생략되고 비밀리에 행해진다는 점이다. 정치적인 이유로 폴로니어스는 아무 의식 없이 비밀리에 황급히 매장된다. 왕비의 재혼을 수치스럽게 만드는 것도 애도와 연관해서이다. 사랑하는 아들이 정신이상이 된 원인을 찾다가 그녀 스스로 "아버지의 죽음과 우리의 지나치게 성급한 결혼 말고 다른 이유야 없겠지요"라고 말한다. 그리고 "장례식 음식이 결혼 잔칫상에 다시 올라오는 것, 호레이쇼, 그게 바로 검약이라는 거야"라는 햄릿의 말은 굳이 의미를 따질 필요조차 없다.

결국 햄릿의 우울증과 광증은 '단축된 애도'가 일차적 원인이었다. "장례식 때 쓴 고기가 식은 채로 결혼식 잔칫상에 놓였다"는 햄릿의 저주처럼, 그의 어머니는 남편의 장례식을 마친 지 한 달도 지나지 않아 시동생과 결혼했다. 햄릿에게는 부친의 죽음을 애도할 충분한 시간이 주어지지 않았는데, 어머니와 숙부는 슬픔에 빠진 햄릿을 조롱하며 빨리 새아버지를 섬기라고 다그친다. 중단된 애도가 햄릿의 마음속에 복수를 채근하는 아버지의 유령을 키우게 된 셈이다. 그것은 일종의 우울증이었던 것이다. 죽음에 이르는 우울증.

프로이트에 의하면 애도와 우울 모두 사랑하는 대상의 상실에 대한 반응이다. 대상에 대한 리비도가 다른 대상에게 재투여되면 애도는 극복된다. 그러나 우울은 죽은 자에게만 집착하는 정신 상태로 매우 고통스러운 정신병리이다. 라캉은 우울의 원인을 불충분한 애도에서 찾았다. 애도가 없으면 대상과의 관계를 통한 욕망이 정상적으로 작동할 수 없기 때문이다. 햄릿은 결여의 기표인 남근에 대해 제대로 애도를 할 수 없었기 때문에 결국 실패하여 죽음으로 나아가지 않을 수 없었다. 애도의 과정이 부재하면 오이디푸스 콤플렉스를 소멸시킬 수 없으며, 주체는 파멸하고 말기 때문이다.

애도란 살아남은 사람들의 심리적 혼란을 막기 위해 수행되는 의식(儀式, rite)으로, 상징계의 아주 중요한 활동이다. 죽은 사람에 대한 추모의 의무는 의식을 통해 이루어진다. 영국 여왕의 화려한 장례식이라든가 우리 전통 씻김굿 같은 것이 모두 전형적인 사회적 애도의 예라 할 수 있다. 그런데 중요한 의식이 생략되고 뭔가를 빠트리거나 거절당했을 때, 그리하여 의식이 제대로 치러지지 않았을 때, 그 갈등은 사회적 비극으로 이어진다. 이것이 애도의 정치학이다.

『안티고네』, 애도의 정치학

애도가 정치적이고 사회적인 주제라는 것을 보여 주는 대표적 서사가 소포클레스의 비극 『안티고네』다. 안티고네는 오이디푸스 왕의 딸이다. 아버지가 스스로 눈을 찔러 실명한 채 광야를 떠돌아다니고, 두 오빠 폴리네이케스와 에테오클레스가 왕권을 놓고 다투다 모두 죽자, 삼촌인 크레온이 형수와 결혼한 후 왕이 되었다. 찬탈당한 왕위를 되찾으려고 폴리네이케스는 외국 군대를 끌어들여 전투를 일으키고, 싸움에서 형제가 모두 죽는다. 크레온은 자기 편을 든 에테오클레스만 성대히 장례를 치러 주고, 반역자 폴리네이케스의 시체는 들에 그냥 버려 두어 야생동물에게 먹히도록 하라는 포고를 내린다.

그러나 안티고네는 크레온의 명령을 어기고 들에 버려진 큰오빠 폴리네이케스의 시체를 몰래 묻어 준다. 이 사실을 안 크레온은 안티고네를 굴에 가둔다. 안티고네를 연모하던 크레온 왕의 아들 하이몬이 안티고네를 따라 죽기로 결심하자 크레온은 놀라서 안티고네가 갇혀 있는 굴로 달려간다. 하이몬은 아버지를 보자 격분하여 칼로 찌르려 하고 크레온은 도망친다. 하이몬은 자살하고, 이 사실을 안 크레온의 아내 에우리디케도 침대에서 자살한다.

누이동생 안티고네가 전사한 오빠 폴리네이케스를 땅에 묻어 주려 했을 때, 그 장례 의식을 가로막은 것은 크레온 왕으로 대표되는 국가였다. 신의 법을 크레온 왕의 명령보다 우위에 두는 안티고네와, 국법을 고집하는 크레온의 갈등이 이 극의 근원적인 갈등이다. 그래서 『안티고네』

에서 고대 자연법 사상이 처음으로 언급되고 있다고 평가받는다. 안티고네는 양심(자연법)과 국왕의 명령(실정법)의 대립 속에서 양심을 선택하여 오빠 폴리네이케스의 시체를 묻어 주려 하다가 형사처벌을 받는다.

헤겔은 『미학 강의』에서 크레온과 안티고네 사이의 비극적 갈등을 '인간의 법'과 '신의 법'이라는 두 가지 윤리 사이의 딜레마로 해석하면서, 그 윤리를 '국가 윤리'와 '친족 윤리'로 명명했다. 그는 형제 간의 본능적 사랑을 따르는 안티고네의 행위를 공동체의 안전에 대한 위협으로 간주하고, 국가의 법 또는 공동체의 이익을 지키고자 하는 크레온에게 정당성을 부여했다. 헤겔은 개인의 내면적 양심이나 인격은 국가의 법으로 대표되는 공동체의 윤리와 분리되어서는 정당성을 가질 수 없다고 본 것이다.

라캉도 이 비극을 두 윤리 사이의 갈등으로 보았지만, 다만 그 윤리는 '선의 윤리'와 '욕망의 윤리'라고 했다. 그는 크레온이 따르는 선의 윤리는 기존 체제의 현실적 이익에 봉사하는 권력의 윤리라고 규정하면서, 선과 악의 이분법을 넘어서서 순수 욕망을 실현하고자 한 안티고네를 이 작품의 유일한 비극적 영웅으로 간주한다. 그래서 라캉은 이 작품이 가장 숭고하고 가장 완벽한 예술작품 중의 하나이며 여주인공 안티고네는 "지상에 나타난 인물 중 가장 고결한 인물"이라고 극찬했다.

우리 조선시대 고질적 당쟁의 원인이었던 예송 논쟁이라든가, 박근혜 정부의 몰락과 문재인 정부의 탄생을 도운 세월호 참사, 그리고 사망자의 이름을 밝히지 않는 문제로 잠시 논쟁의 대상이었던 이태원 참사 등이 모두 애도와 정치의 관계를 잘 보여 주고 있다. 이태원 참사 후 SNS에서 우파들이 조직적으로 전개했던 반(反) 애도 캠페인의 정치적 결과가 어떻게 나타날지도 주목의 대상이다.

애도와 범죄

『오이디푸스』와 마찬가지로 『햄릿』에서도 애도의 기원에는 범죄가 있다. 이런 의미에서 『햄릿』은 일종의 오이디푸스적인 극이다. 『오이디푸스 왕』의 속편이라고 해도 좋겠다.

이 때문에 프로이트와 그의 계승자들은 『햄릿』을 언제나 중요하게 여긴다. 『오이디푸스』에서는 범죄가 주인공 자신의 세대에서 일어난 반면, 『햄릿』에서는 범죄가 이전 세대에서 이미 일어났다. 『오이디푸스』에서는 자신이 무슨 일을 하는지 전혀 의식하지 못하는 주인공이 그냥 운명의 힘에 이끌려 범죄를 저지르지만, 『햄릿』에서는 범죄가 의도적으로 수행된다.

인류 역사에서 최초의 범죄는 아들들의 아버지 죽이기이다. 프로이트는 『토템과 터부(Totem and Taboo)』(1914) 제4장 '유아기에 보이는 토테미즘의 회귀'에서, 초기 인류 사회에 대한 찰스 다윈의 매우 논쟁적인 이론과 윌리엄 로버트슨 스미스의 희생제의(犧牲祭儀) 이론을 결합한다.

인류 초기 한 부족에 수많은 형제와 아들들을 거느린 우두머리 남성 '알파메일(alpha male)'이 있었다. 그는 부족의 모든 남자들을 추방하고 여자들을 독점했다. 추방당해 변방에 나가 있던 형제들이 어느 날 함께 모여 고향으로 돌아왔다. 그리고 자신들이 두려워하며 존경하던 아버지를 죽이고 그 육신을 먹음으로써 아버지와 동일화를 이루었다.

형제들은 곧 죄의식을 느꼈고, 그 죄를 속죄하기 위해 두 가지 금기를 만들었다. 우선 아버지를 상징하는 특정의 한 동물을 정해 놓고 부족 구성원들에게 이 짐승을 죽이는 것을 금했다. 그리고 1년에 단 하루 그 짐승을 잡아 제사 지낸 후 형제들이 다 같이 먹었다. 이것이 토템과 터부의 기원이다.

또 하나의 금기는 근친상간에 대한 것이었다. 아버지처럼 누구 하나가 누이들을 다 독점해서는 결코 부족의 평화를 유지하기 힘들 것이다. 여기서 근친상간은 죄악이고, 결혼은 반드시 외부 부족하고만 해야 한다는 원칙이 금기의 형식으로 정착되었다.

식인과 근친상간의 금기를 통해 인류는 아버지를 죽이고 어머니와 자고 싶다는 욕망, 즉 오이디푸스 콤플렉스를 효과적으로 해결했다. 그리고 외혼제와 친족 제도를 정착시켰다. 인류 문명은 식인과 근친상간의 금지에서부터 시작되었다는 것이 인류학의 기본 도식이다.

'최초의 아버지 죽이기' 서사는 오이디푸스 콤플렉스뿐만 아니라 기독교적 원죄 의식의 기원이기도 하다. 사제들은 매주 성당의 미사를 집전하면서 성체와 포도주가 그리스도의 몸이며 피라고 말하고 있지 않은가.

잠재성과 권력

가능성이 현실성보다 강력하다

대상 a는 실체는 아니지만 젖가슴, 남근, 시선, 목소리 등 실제 사물들에 '체화'되어 있다고 말할 수는 있다. 인간이 없으면 존재할 수 없고, 인간과 언어 사이의 관계에서만 존재하는 대상이다. 그래서 질 들뢰즈는 이것을 잠재적 대상이라고 했다. 잠재적이라는 말은 가능태라는 말이다.

여기 한 그루 큰 나무가 있다. 이 큰 나무도 처음에는 조그만 씨앗이었다. 처음에는 눈에 보이지도 않는 작은 씨앗이었는데 점차 성장해 마침내 큰 나무가 된 것이다. 작은 씨앗은 이미 커다란 나무의 가능성을 속에 품고 있었다. 다만 씨앗은 '아직 큰 나무가 아닌' 상태였고, 다 큰 나무는 '이미 큰 나무가 된' 상태이다. 아리스토텔레스는 이 씨앗을 가능태(dynamis)라고 했고, 성장한 큰 나무를 현실태(energeia)라고 했다.

모든 존재의 생성(生成)은 가능태와 현실태의 과정으로 설명된다. 사물들은 항상 가능적인 상태로부터 현실적인 상태로 진행해 가려는 본성을 가지고 있다. 가능했던 것이 실현되어 현실적 존재로 되어 가는 것이 곧 생성이다. 씨앗이 수목으로 되고, 가수를 지망하던 어린 연습생은 수많은 팬을 몰고 다니는 아이돌 그룹의 인기 가수가 된다.

'아직-아닌'에서 '언제나-이미'로 도약하는 과정에서 현실성이 절대적으로 우월하다고 헤겔은 주장한다. "내가 정말 하려고만 했으면 나도 재벌이 될 수 있었지." 이런 말을 헤겔은 공허한 가능성 혹은 약한 자의 부질없는 변명이라고 말한다. 가능성의 진정한 본성은 그것의 현실화를 통해서만 확증된다는 것이다. 당신이 어떤 것을 정말로 할 수 있다는 것을 보여 줄 유일하게 유효한 증명은 단지 그것을 하는 것이다. 그러나 바로 그 헤겔도 가능성이 현실성보다 훨씬 더 강력한 힘이 있다는 것을 '주인과 노예'의 변증법에서 보여 주었다.

가능성을 현실성의 부족 또는 결함으로만 생각하는 것은 잘못된 인식이다. 가능성 그 자체는 가능성이 스스로를 현실화하는 순간 사라지지만, 그것은 엄연히 어떤 현실적인 효과들을 발휘하는 엄청난 힘이다. 어찌 보면 현실성보다 더 큰 힘이다. 노인보다 젊은이가 더 아름답고 우월하게 보이는 이유는 젊음이 가진 그 가능성 때문이다. 앳된 신인 가수가 노련한 기성 가수보다 더 각광을 받는 이유는 신인 가수가 가진 앞으로의 오랜 시간 동안의 가능성 때문이다.

라캉의 정신분석에서 상징적 거세라는 개념이 매우 중요한데, 여기서도 우리는 현실성에 대한 가능성의 우위를 확인할 수 있다. 거세 불안이란, 여자가 자기에게 음경이 없음을 지각할 때, 그리고 남자가 "그것을 잃을지 모른다"는 두려움을 갖게 될 때 느끼는 심리적 불안감이다. 그런데 거세 불안은 단순히 '거세'라는 그 사실보다 오히려 거세의 '가능성' 때문에 더 강렬하게 느껴지는 불안감이다. 즉 거세의 가능성이, 우리에게 돌이킬 수 없는 상실의 낙인을 찍으면서 우리의 심리를 실제로 거세하는 것이다. 현실성보다 가능성의 힘이 더 크다는 것을 보여 주는 사례다. 현대인에게 만연한 건강 불안증도 마찬가지다. 사람들은 '건강을 잃는다'는 사실 자체보다 '잃을 수도 있다'는 가능성 앞에서 더 큰 두려움과 공포를 느낀다.

모든 권력의 자리는 텅 비어 있다

가능성이 현실성을 능가하는 현상은 권력의 장에서 가장 현저하게 드러난다.

권력이 막강한 힘을 갖는 것도 바로 권력의 잠재적 성격 때문이다. 권력은 잠재적 위협이라는 형태로만, 즉 그것이 완전한 일격을 가하지 않고 스스로를 유보하는 한에서만 효과적으로 발휘되는 힘이다. 권력의 행사를 계속 지연시키고 유보시킬 때 그 권력은 강철처럼 견고한 지속성을 갖게 된다. 계속 지연되고 유보된다는 것은 권력이 가능성으로 남아 있을 뿐 실현되지 않고 있다는 얘기다. 이미 실현된 후에는 폭력 쓰는 아버지처럼 초라하게 되지만, 실현되지 않은 가능성의 권력은 실제 이상의 엄청난 힘을 갖는다. 권력의 속성에 대한 기계적인 해석일 수도 있지만, 또 한편 권력은 겸손해야 한다는, 일견 구태의연한 도덕률일 수도 있다. 권력은, 있으되 행사하지 않을 때 더 무서운 것이다. 지연되고 유보되었을 때 막강한 힘이 있는 것이지, 손쉽게 휘두르는 권력은 이미 권위의 임계점을 벗어나 불쌍한 아버지처럼 초라해 보일 뿐이다.

가부장 시대에 흔했던 폭력적 아버지의 권위를 한번 생각해 보자.

아버지가 스스로를 통제하지 못해 소리를 지르고 아이를 때리는 등 완전한 권력을 휘두르는 순간, 그것을 바라보는 가족들은 아버지에게 권위가 있다고 생각하지 않는다. 오히려 무능한 가장의 무모한 화풀이라고 생각한다. 바로 이런 의미에서 상징적 권위란 언제나 잠재적 가능성일 때 가장 유효한 현실성을 획득한다. 잠재적 위협이 실질적 힘의 전개보다 훨씬 더 무섭다.

헤겔의 주인과 노예의 변증법도 마찬가지다. 언젠가 주인은 노예의 노예가 되고, 노예는 주인의 주인이 된다는 이 이론은 주인이 노예가 될 가능성 그리고 노예가 주인이 될 가능성 때문에 어마어마한 힘을 발휘한다. 노예가 최종적으로 승리할 것이라는 그 순수 가능성만으로 이미 노예는 충분한 힘을 갖게 된다. 공산주의 혁명 초기 단계에서 노동자 계급은 그들이 주인의 주인이 될 것이라는 가능성 때문에 이미 벌써 주인들을 제압하고 타도했던 것이다.

벤담의 판옵티콘(panopticon) 원리도 바로 이것이다. 비록 내가 확인할 수는 없지만 누군가가 나를 지켜볼 수 있다는 사실이 원형 감옥 독방에 갇힌 나를 불안하게 만든다. 중앙 감시탑 안에 자기 몸은 드러내지 않은 채 몰래 나를 바라보는 타자의 시선이 있다는 것을 자각할 때 나의 불안감은 극대화된다. 감시 당하는 순간과 감시당하고 있지 않은 순간이 언제인지 알 수 없다는 이 근본적 불확실성이야말로 내가 현실적으로 감시당하고 있을 때보다 훨씬 더 큰 공포감을 야기한다. 감시가 현실로 실현된 것도 아니고 단지 가능성에 머물러 있을 뿐인데도 공포감을 준다. 아니, 가능성에 머물러 있기 때문에 공포감이 더 크다.

대통령이건 단체장이건 중견 간부건, 권력자들 중에서 완전하게 그 자리에 부합하는 능력을 가진 사람은 아무도 없다. 그들을 편의상 헤겔의 주인과 노예에 나오는 주인이라고 명명해 보면, 이 주인은 언제나 근본적으로 사기꾼이다. 주인의 능력은 엄밀히 말해 언제나 환유적이다. 환유란 부분으로 전체를 지시하는 비유법이다. 그가 주인인 것은 그가 가진 쥐꼬리만 한 능력이 그가 차지한 자리의 한 귀퉁이와 부분적으로 부합하기 때문이다. 그렇다면 주인이란 비어 있는 자리를 불법으로 차지한 사람에 다름 아니다.

그런 점에서 모든 권력의 자리는 비어 있는 자리다. 비어 있는 자리에 끊임없이 새로운 주인이 들어와 자리를 차지하지만 언제나 그들은 대체 가능하고, 빈자리만이 영원하다. 민주주의에서 특히 그러하다. 정치학자 클로드 르포르가 보여 주었듯이 민주주의는 권력의 텅 빈 상징적 자리를 한시적으로 차지하여 권력을 행사하는 자들이 운영하는 체제이다. 민주주의가 작동하려면 권력의 자리는 비어 있어야 한다. 권력을 행사할 직접적이고도 자연적인 권리를 소유하고 있다고 자처하는 일은 누구에게도 허용되지 않기 때문이다.

상상계, 상징계, 실재계

라캉은 인간의 심리를 상상계(the Imaginary Order), 상징계(the Symbolic Order), 실재계(the Real Order)의 3개 차원으로 나눈다. 라캉의 거대한 이론을 떠받치는 기본적인 세 개념이다. 흔히 '로마 보고서' 혹은 '로마 담론'으로 불리는 1953년의 논문 "정신분석학에서 말과 언어의 기능과 영역"에서 라캉은 처음으로 이 이론을 상세하게 설명했다.

이 3개의 계(係)는 인간의 심리적, 정신적, 또는 문화사회적 영역이다. 이 중에서 상상계와 상징계만이 우리의 현실을 이루는 구체적이며 동시에 추상적인 세계다. 비록 변별적이고 대립적이긴 하지만, 상상계와 상징계 그 둘 사이는 두부 자르듯 깨끗하게 분리되지 않는다. 두 영역은 서로 잠식해 들어가고 서로 합쳐진다. 상상계가 생후 18개월까지의 유아 단계라 해서 이 3개 영역이 인간 일생의 발달 단계인 것은 전혀 아니다. 상상계 안에 있던 유아기의 아이는 언어를 습득한 이후 평생 동안 상징계 안에서 살아간다. 그러나 유아는 태어나기도 전에 이미 가족 내에 위치해 있는데, 가족과 사회는 대표적인 상징계이다.

실재계는 '실재'라는 말뜻과는 달리 우리의 현실 세계가 아니라 그것을 뛰어넘는 초월적 세계 또는 죽음의 세계라고까지 말할 수 있다. 현실과는 아무런 관계도 없으며, 상상계와 상징계의 바깥에 있고, 우리와 지속적인 관계가 불가능하며 배제되어 있다. 광기에 걸린 주체가 자신이 존재해 있지도 않은 실재계를 환각하며, 그것을 자신이 '보고 있다'고 생각하는 일도 있다. 이것은 실재계가 '언제나-이미-거기에 있기(always-already-there)' 때문이고, 또한 현실적 의미에서의 보기 혹은 듣기가 불가능한 세계이기 때문이다. 실재계는 주체의 탄생보다 앞서 있을 뿐만 아니라 상징계의 장벽 없이는 존재할 수 없는 개념이다. 실재계란 갑작스럽고, 당황스럽고, 예기치 못한 어떤 것이다. 그래서 라캉의 실재 개념을 프로이트의 이드와 비슷한 것으로 보는 시각도 있다.

캐서린 클레먼트는 라캉의 3개의 계를 프로이트의 개념과 연관시켜, 상상계는 자아(Ego), 상징계는 초자아(Super-Ego), 실재계는 이드(Id)와 비슷하다고 말했다(Catherine Clément, *The Lives and Legends of Jacques Lacan*, 1983).

상상계

거울 단계

여기 귀여운 아기 하나가 거울을 들여다본다. 아기는 거울 속에 비친, 난생 처음 보는 자기 모습이 신기하고 재미있어 어쩔 줄 몰라 한다. 거울 이미지에 매혹된 아기는 마침내 거울 속 아기가 자기 자신임을 깨닫는다. 이 동일시 과정을 통해 아기는 자아를 형성한다. 태어난 지 6개월에서 18개월 사이의 아기에게 일어나는 일이다. 심리학에서 말하는 소위 거울 단계이다. 이 시기를 라캉은 '상상계'라고 명명했다.

상상계라는 말은 이 시기가 이미지의 세계라는 뜻이다. 여기서 상상은 허구의 공상이라는 의미가 아니라, 기본적으로 이미지, 즉 상(像)을 만들어 내는 능력이다. 그러니까 상상계란 실제로 지각된 이미지건 상상된 이미지건 이미지의 영역이다. 의식적, 무의식적 이미지들의 세계이고, 언어 이전의 영역이다.

거울 단계의 아기를 예로 들었다고 해서 상상계가 단순히 어린이 성장 발전의 한 단계인 것도 아니다. 상상계는 한 인간이 일생 동안 지속적으로 갖고 있는 주체성의 한 측면이다. 다 큰 어른도 어느 때는 상상계의 심리 상태를 갖게 되는 것이다.

이 시기에 아이는 자신의 신체를 완전히 통제하지 못한다. 미완의 상태로 태어난 아이는 일어설 수도, 걸을 수도, 말할 수도 없다. 미성숙하여 자신의 필요를 도저히 혼자서 충족시킬 수 없고, 의존적이며, 의식이 없고, 혼동 상태에 있다. 그런데 아이는 거울 앞에서 자신의 형상이 어른과 같을 것으로 기대한다. 우선 거울 속에서 자신을 발견한 아이는 멈추어 서서 그 반영을 보고 웃는다. 그런 후 뒤에 있는 엄마나 아빠를 돌아보고 이어서 다시 자신을 쳐다본다. 거울에서 그가 포착한 총체 이미지는 실제의 자신보다 더 작고 더 안정적이다. 이 이미지는 아이에게 자신의 신체를 통제하고 있다는 환상을 준다.

자신의 신체 행동을 완벽하게 통제할 수 없음에도 불구하고, 아이는 처음으로 자신을 일관되게 통제할 수 있는 총체로 상상한다. 아이는 자신의 현실로부터 자기가 소외되는 것을 극복하기 위해 환상에 의존하는 것이다. 물론 이때 아이의 자기 개념은 자신의 존재와 일치하지 않는다.

엄마 아빠는 아이에게 큰 타자다. 큰 타자는 아이의 존재를 보장해 주며, 자아와 타자의 차이를 증명해 보여 준다. 이 필수적인 단계에서 아이는 엄마의 신체로부터 스스로를 분리시키고, 주위를 둘러보며 다른 사람을 타자로 인식하게 된다. 즉, 아이는 큰 타자와 떨어지는 분리를 느끼고, 또 분리된 자신의 정체성을 생각하기 시작한다. 이때가 바로 인간 개체가 태어나는 순간이다.

거울 단계가 중요한 것은 이것이 인성의 가장 안전한 정상 상태에서부터 가장 심한 정신질환 상태까지의 모든 상태에서 나타나는 현상이기 때문이다. 상상적 관계의 원형은 거울 앞에서 자신의 이미지에 매료된 유아이지만, 이것은 어린이만이 아니라 모든 언어 이전의 구조,

즉 정신병자, 도착증 환자 등의 환상이기도 하다.

아이는 거울에 비친 자기 모습을 보고서 그 거울 이미지를 따라 상상적으로 자아를 구성하였다. 그러나 그렇게 구성된 자아는 주체의 진정한 본질이 아니며 오히려 주체를 속이는 기만적 환영(幻影)이다. 거울 단계를 거친 후 아이는 오이디푸스 단계를 거치게 되는데, 그 단계에서 아이는 아버지의 법, 아버지의 권위를 내면화한다. 이 과정을 거쳐 진입하는 곳이 상징계다. 인간은 거울 단계 시기에 자기 존재를 통일된 단일성으로 느끼지만 그것은 환영에 불과하다. 주체의 한가운데에는 기본적으로 존재의 결여가 있어서 주체는 결코 하나의 통일된 단일성일 수 없다.

그럼 아이는 어떻게 상상계에서 상징계로 넘어가는가? 원래 엄마와 아기는 한 몸이었다. 아기가 세상에 나오면서 그 둘은 통일적 단일성에서 벗어나 둘로 분리된다. 그들이 분리되는 출산의 순간은 그야말로 유혈이 낭자한 트라우마의 순간이다. 엄마는 구체적 추상적 의미에서 자신의 일부가 뜯겨나가는 통증을 느끼고, 아기도 태반에 연결되었던 엄마와의 분리가 주는 두려움을, 있는 힘을 다해 악을 쓰고 욺으로써 표현한다.

당연히 아이는 엄마와의 일체감을 잊지 못하고 엄마의 애정을 독점하려 하는데, 그 사이에 아버지가 끼어들며 그것을 금지시킨다. 어머니와 아이의 이자적(二者的) 관계는 차츰 아버지, 어머니, 아이의 삼자적(三者的) 관계가 된다. 아버지는 어머니를 이미 소유하고 있는 자이며,

아이의 욕망에 "안 돼"라고 은유적으로 말하는 자이다. 아이는 이 말에 거세 공포를 느낀다. 아버지의 은유는 어머니와의 밀착 관계를 포기하지 않으면 거세시키겠다는 위협이기 때문이다.

이 경험이 정점에 다다르는 시기는 약 3살에서 5살까지이다. 이 시기에 아이는 자신의 경쟁자인 동성 부모의 죽음을 욕망하면서 이성의 부모에 대해서는 성적 욕망을 품는다. 죽음까지 원하는 것은 아니라 하더라도 최소한 동성의 부모를 사랑하며 이성의 부모를 미워하는 경향은 있다. 그래서 아들의 '아버지 죽이기'가 시작된다. 그러나 정말 죽이는 것은 아니고 상징적인 친부 살해가 일어나는 것이다. 청소년 시기 동안 상징적 아버지 죽이기를 통해 이 증오심을 해소하지 못하면 인간은 건강하고 정상적인 어른이 되지 못한다. 이것이 프로이트의 그 유명한 오이디푸스 콤플렉스다. 오이디푸스 콤플렉스의 소멸은 그 이후의 모든 주체 발전 과정에 영향을 미치는 결정적인 사건이다. 주체가 오이디푸스 삼각형에서 양쪽으로부터, 다시 말해 아버지와 어머니 모두로부터 거세 위협을 느낄 때 오이디푸스 콤플렉스는 소멸한다. 아버지의 거세와 함께 어머니도 거세되어 있다는 사실을 주체가 인식할 때 오이디푸스 콤플렉스는 완결되고 성숙된다.

포르트-다 게임

상상계와 관련된 일화 중에 '포르트-다 게임(fort-da game)'이라는 것이 있다. 유아가 즐기는 실타래 놀이다.

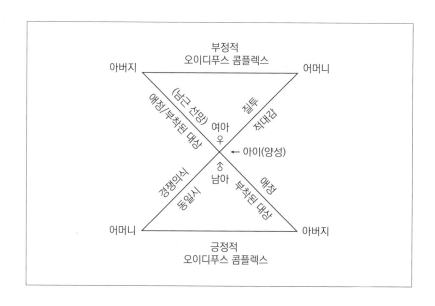

프로이트는 실 한 가닥이 연결된 면화 실타래를 갖고 던지기 놀이를 하는 자신의 18개월짜리 손자를 관찰했다. 아이는 실 가닥을 잡고서 자신의 요람 모퉁이 너머로 실타래를 던지며 '멀리'라는 의미의 독일어 "포르트(Fort)"를 말하고, 다시 실타래를 보이는 범위까지 잡아당기면서 가까이 오는 실타래의 재출현을 경쾌하게 "다(Da, 여기)"라는 말로 맞이하곤 했다. 이 놀이를 통해 아이는 사랑하는 대상인 엄마의 현전과 부재에 대한 자신의 감정을 조절하는 법을 배우고, 엄마와의 필연적인 이별이라는 정신적인 상처를 극복한다.

그러나 라캉은 이 놀이를 언어의 출발로 보았고, 이렇게 시작되는 언어의 세계를 상징계라고 이름 지었다. 특이하게 유아는 자신의 갈망 대상이 상실되었을 때에만 그것을 대상으로 삼는다. 자신이 애타게 원하는 대상, 즉 엄마가 부재하게 되었을 때에만 엄마를 갈망한다는 이야기다. 이것이 포르트-다 게임에 대한 프로이트와 라캉의 해석 차이이다. 이 게임을 즐기던 유아가 어른이 된 이후에도 그가 느끼는 모든 만족 속에는 이미 이 같은 상실감이 들어 있을 것이다. 결국 인간의 욕망은 원초적 부재의 효과로 지속된다.

인간이 타인의 욕망을 욕망하는 것도 결국은 이 원초적 부재 때문이다. 욕망의 대상은 필요(need)의 대상과 근본적으로 다르다. 필요의 대상은 물이니 음식이니 등 분명한 실재이지만, 욕망의 대상은 본질적으로 주체로부터 감추어져 있다. 감추어져 아무것도 없는 그 자리를 누군가가 차지하고 있는 것이 보이게 되면 그것은 곧장 욕망의 대상이 된다. 햄릿은 오필리어를 버렸지만 그녀가 레어티즈의 욕망의 대상이 되었다는 것을 인지한 순간 그는 레어티즈에게 도전하기 시작했다. 욕망의 대상이란 불가능한 대상이 되었을 경우에만 떠오르는 대상이기 때문이다. 흔히 강박신경증(노이로제) 환자들은 충족 불가능한 것만을 욕망의 대상으로 삼는다고 생각하기 쉽지만, 강박신경증 환자만이 아니라 욕망의 구조상 인간의 모든 욕망의 대상에는 항상 불가능성이 내포되어 있다.

욕망의 역할에 초점을 맞추면서 라캉은 주체가 자신의 상실된 대상(가령 어머니)에 집착하는 것에 주목했다. 그리고 주체가 어떻게 이 상실된 대상을 찾기 위해 반복적인 시도를 하는가에도 주의를 기울였다.

상징계

아버지의 이름

오이디푸스 콤플렉스가 라캉에서는 '부성적(父性的) 은유'로 불린다. 부성적 은유는 아버지의 금지를 지칭하는 말이다. 프로이트에서의 아버지가 실제 아버지인 데 반해 라캉에서의 아버지는 실질적인 아버지가 아니라, 존재한다 부재한다라고도 말할 수 없는, 오로지 장소와 기능을 지칭하는 이름이다. 그러니까 아버지가 실제 살아있지 않는다 해도 오이디푸스 콤플렉스는 제대로 완벽하게 형성될 수 있다.

어머니와의 상상적인 관계를 피해 주체가 형성되려면 '아버지의 이름'을 획득하는 것이 필수적이다. 이때 아버지의 이름이란 실제 어떤 아버지의 성명을 뜻하는 것이 아니라 법의 원칙, 언어 체계 등 차라리 기능의 이름이다. 라캉은 이런 아버지의 기능을 '아버지의 이름'이라고 불렀다. 이것이 프로이트와 라캉을 나누는 분기점이다.

아버지는 법의 원칙, 특히 언어 체계의 법을 도입한다. 이 법을 습득하지 못하면 주체는 정신병으로 고통받을 수 있다. 결국 상징계는 건강한 정상인의 상태(sanity)이고, 이 세계를 벗어나면 정신병의 상태가 된다고 할 수 있다. 얼핏 가부장제의 불가피성을 옹호하는 듯이 보여서 여성주의자들이 라캉을 비판하는 근거가 되기도 했다.

상상계가 신체를 기반으로 한 물질적 관계이고 자연의 영역인 데 반해, 상징계는 문화의 영역이고, 언어의 세계이며 또한 법의 세계이다.

그것은 사회적 교환, 법, 문화, 금기 등이 지배하는 영역이다. 법을 대표하는 아버지는 권력과 거세 공포가 체화된 큰 타자이고, 남근을 소유한 자로 여겨진다. 거세 공포는 주이상스와도 관련이 있다. 몸에서 주이상스를 비워 내는 최고의 방법은 거세다. 그러나 실질적인 거세는 너무나 위험한 일이어서 실제로 행해질 수 없고, 대신 상징적인 거세가 활용된다. 상징적 거세란 법과 언어를 통해 몸에서 주이상스를 비워 내는 과정이다. 유기체는 언어 속으로 들어가 언어를 통과함으로써 상징적 거세를 수행한다. 이 거세를 행하는 장소가 바로 상징계다.

상징계로 진입하며 아이는 큰 대가를 치른다. 언어의 세계 안에 머물러 있기 위해 아이는 이제 완전성이라는 환상을 포기해야 한다. 유아 단계의 아이는 완전한 한 덩어리의 전체였다. 자신과 세계도 분리되지 않았고, 자기와 자신 사이도 분리되지 않았었다. 그런데 상징계로 들어가면서 인간은 도저히 되돌릴 수 없는 분리를 겪게 된다. 세계와 자신이 분리되는 것은 물론 자기와 자기 사이에도 분리가 일어난다. 남에게 보이는 나와 나 속의 진정한 나 사이에도 큰 괴리가 있게 마련이다. 한마디로 우리의 존재는 치명적인 분리를 겪는다. 그 이후 우리는 평생 완전한 전체를 꿈꾸지만, 그것은 영원히 잃어버린 세계다. 여기서 남근이 등장한다. 남근은 아이와 어머니가 분리되는 균열의 순간을 표상하는 기표다. 남근은 아이와 어머니와의 이항관계를 깨뜨리면서 교환의 질서를 도입하고, 모든 주체들을 상징계에 종속시킨다.

아이가 유아 단계를 벗어나면서 어머니와 분리된다는 것은 쉽게 이해되지만, 언어를 통해 구성된 주체가 자기와 자기로 분리된다는 것은 무슨 말인가? "나는 '나'이지, 무슨 분리가 있단 말인가" 라고 의아해 하는 사람들에게 하나의 예를 들어 보겠다.

누군가가 "나는 내가 존재하지 않는다는 생각이 들어(I think I do not exist)"라고 이야기 했다고 치자. 이때 첫 번째의 '나'는 발화 행위를 하는 주체로서의 나다. "나는 생각한다"의 나는 엄연히 존재하는 '나'이다. 그런데 발화의 내용을 구성하고 있는 두 번째 ('내가'의) '나', 즉 '존재하지 않는 나'는 앞의 첫 번째 '나'와 같은 존재를 의미하지 않는다. 그야말로 존재하지 않는 '나'이기 때문이다. 똑같이 '나'를 말하고 있어도 여기서 벌써 나의 주체는 2개로 분리되어 있다.

이처럼 주체가 분리되는 것은 상징계 속에서인데, 그 상징계는 곧 언어의 세계다. 언어 자체가 상징이기 때문이다. 예를 들어 '꽃'이라는 단어를 생각해 보자. 꽃이라는 단어는 실제의 꽃 그 자체가 아니라, 실제의 꽃을 지시하기 위한 기호, 즉 상징이다. 그러므로 언어는 상징이다. 그렇다면 상징계는 곧 언어의 세계이다. 우리가 살고 있는 현실 세계는 언어로 되어 있기 때문이다. 유아기의 상상계가 이미지의 차원이라면 성인들의 상징계는 언어의 차원이다.

사회의 모든 것이 언어를 전제로 한다. 법도 학문도, 교육도 계약도 모든 것이 언어다. 한 사회가 사회 구성원 전체를 계몽하고 교육시키는 것도 상징을 통해서이다. 그러므로 언어는 기본적 사회제도이다. 다시 말하면 사회의 본질은 상징적 질서이고, 언어적 질서이다. 이처럼 언어에 의해 매개되는 문화의 세계라는 점에서 라캉의 상징계는 레비 스트로스의 '문화' 개념과 거의 동일하다.

상징계가 언어적 차원이라고 했지만 그러나 상징계가 언어를 독점하고 있지는 않다. 왜냐하면 언어는 상상계와도 관계가 있고 실재계와도 관계가 있기 때문이다. 상상계 안에서 아이는 언어를 통해 주체로 구성되고, 아이가 어른이 되는 것도 언어와의 접촉을 통해서이다. 인간은 언어를 통해 상징의 세계로 들어간다. 한편 주체는 언어를 통해 욕망과 감정을 나타내는데, 욕망이란 실재계와 관련이 있다. 이런 식으로 언어는 세 차원 모두와 연관이 있다. 요컨대 우리가 살고 있는 '현실'은 상상계와 상징계로 구성되어 있으며, 그중에서도 특히 문화와 사회는 상징계이다.

라캉의 상징계는 인류학, 구조주의, 또는 헤겔적 사유들이 혼합 구성된 개념이다. 우리의 욕망은 곧 타인의 인정을 얻기 위한 욕망이라는 부분에서 라캉은 명확하게 헤겔의 인정 투쟁을 계승한다. 그러나 1950년대 말부터 상징계에 대한 라캉의 개념은 자율적인 구조로 변한다. 인간 주체에게는 의미 연쇄가 없고, 주체는 폐기되었으며, 따라서 존재는 결여되었다고 했다. 헤겔의 변증법에서 언어의 영역, 즉 재현의 영역으로 이동해 간 것이다. 이것은 분명 당시 새롭게 떠오르던 구조주의 사조의 영향이다. 푸코가 『말과 사물』마지막 페이지에서 "인간은 죽었다"라고 선언했듯이 구조주의적 사유는 인간 주체를 거의 인정하고 있지 않기 때문이다.

아들은 어머니의 남근

라캉에게 '아버지'는 실체적 생물학적 아버지가 아니라, 아버지의 기능을 나타내는 추상적 상징적 기표다. 현존하지도 부재하지도 않으며, 그의 기능 또한 실재하지도 부재하지도 않는다. 부성의 이런 상징적인 작용을 라캉은 '아버지의 이름'이라고 불렀다. 그러니까 아버지라는 인물은 현실의 아버지와 동일한 인물일 필요가 없다. 아버지는 하나의 이름에 불과하다.

'모든 아버지는 ( )이다'라는 명제에서 괄호 안에 아버지의 온갖 기능과 성격을 다 집어넣어 보자. 그러면 이 명제는 더할 나위 없이 참이지만, 그러나 그것은 존재하는 어떤 아버지도 '실제로 아버지가 아니라는 것'을, 어떤 아버지도 아버지라는 개념 수준에 부합하지 않다는 것을 증명하는 명제가 된다. 알고 보니 세상의 모든 아버지는 아버지라는 보편 개념에 대한 예외적 존재들이었다. 아버지의 기능은 보편적이며 각각의 아버지는 그것에 의해 규정되지만, 보편적 아버지의 기능과 이 상징적 자리를 차지하는 개인 사이에는 항상 간극이 있게 마련이다. 어떠한 아버지도 실제로는 아버지가 아니며, 모든 실제의 아버지는 충분하지 못한 아버지, 부족한 아버지여서 제대로 아버지 역할을 하는 데 실패하거나, 아니면 너무-많은 아버지여서 아버지의 상징적 기능을 더럽히는 고압적인 현존이다. 완전히 실존하는 유일한 아버지는 상징적 법 이전의 원초적 아버지일 뿐이다.

궁극적으로 부성(父性)이란 정자(精子)를 제공하는 남성의 생물학적 현실을 넘어서는, 순수하게 상징적인 그 무엇이다. 기독교의 기본 서사가 바로 그것이다. 성모 마리아는 성부 또는 남편과 아무런 현실적 성관계 없이 수태를 하여 예수를 낳았다. 이것은 부성이 생물학적 영역으로 축소되지 않는다는 것을 보여주는 탁월한 예다.

여성이 특정의 성스러운 장소를 지나가기만 하면 임신하게 된다는 민간 설화는 다른 문화권에서도 흔하게 확인된다. 고구려 시조 주몽의 탄생 설화가 바로 그것이다. 하백의 딸 유화는 천제(天帝)인 해모수와 통정한 죄로 집에서 추방된 후, 어부에게 구출되어 동부여의 금와왕 별궁에 갇히게 되었다. 갇힌 방에서 햇빛이 자꾸만 그녀의 몸을 비추었고, 마침내 임신을 하여 왼쪽 겨드랑이에서 큰 알을 낳는다. 왕이 알을 버렸으나 우마(牛馬)가 피해 가고 새가 깃으로 품어 어쩔 수 없이 유화에게 돌려주었더니 마침내 한 사내아이가 알을 깨고 나온다. 그가 바로 주몽이다. 성장하면서 금와왕의 일곱 아들과 함께 사냥을 다녔는데 너무 뛰어나서 항상 질시를 받았다. 그래서 주몽은 유화가 준비해 준 준마를 타고 세 벗과 더불어 동부여를 떠나 졸본에 정착한 후 나라를 세웠다. 이것이 고구려다. 이 설화에서 유화부인을 임신시킨 것은 실제의 남자가 아니라 햇빛이다.

라캉이 새롭게 의미를 부여한 말 중에 '부성의 은유'라는 말이 있다. 부성적 은유란 프로이트의 오이디푸스 콤플렉스에 대한 라캉적 해석이다. 그러니까 프로이트의 오이디푸스 콤플렉스가 라캉에서는 '부성의 은유'다. 아버지의 금지를 지칭하는 말인데, 이때 아버지는 실질적으로 존재하거나 부재하는 아버지가 아니라 단지 아이를 어머니로부터 유리시키는 구실을 하는 기능이다. 아이는 아버지의 법에 복종한다. 거울 단계를 거친 아이가 '부성적 은유'를 통해 들어가는 어른의 세계가 상징계다.

프로이트는 실제의 아버지가 아이에게 일으키는 심리적 복합 상태를 오이디푸스 콤플렉스라고 불렀는데, 라캉은 '아버지의 이름'이 일으키는 심리적 의미작용을 '부성의 은유'라고 했다. 은유란 하나의 말이 다른 말을 대체한다는 의미의 수사학 용어다. 그런데 낱말은 다른 낱말과 대체되면 새로운 의미작용이 생기게 마련이다. '부성의 은유'에서 새롭게 남근(phallus)의 의미작용이 발생하는데, 이것은 잃어버린 또는 부정된 상태로서의 남근이다. 오이디푸스 콤플렉스에서 삼각형의 꼭짓점이 아버지였다면, '부성의 은유'에서의 꼭짓점은 남근이다.

라캉에게 아버지는 저녁에 퇴근해 집에 와 TV를 보는 현실의 아버지가 아니다. 차라리 그것은 사람이라기보다는 장소이며, 상징적 기능이다. 그의 주된 역할은 아이를 어머니로부터 분리하는 것이다. 아이는 어머니의 사랑을 독점하기 위해 어머니의 모든 것이 되려고 노력한다. 특히 어머니에게 결여되어 있다고 여겨지는 대상이 되려고 노력한다. 어머니에게 결여되어 있는 것은 남근이다. 아이는 어머니의 남근이 되기를 갈망한다. 그러나 아이는 자신에게 그런 능력이 없다는 것을 깨닫는다. 이때 그는 거세된다. 거세는 어머니를 위한 남근이 되려던 아이가 자신의 일관된 노력을 단념함을 뜻한다. 신경증 환자들은 불행히도 이것을 단념하지 못한 사람들이다. 따라서 팔루스는 생물학적 의미의 남근이 아니다. 여성만 남근을 잃어버린 것도 아니고, 양성 모두가 남근을 상실하였다.

슈레버 케이스

20세기 초 독일의 고등법원장이었던 다니엘 파울 슈레버(Daniel Paul Schreber, 1842~1911)의 사례는 라캉이 '아버지의 이름' 이론을 정립하는 데 매우 귀중한 자료를 제공한다. 슈레버 판사가 1903년에 쓴 『한 신경병자의 회상록』은 프로이트와 라캉, 들뢰즈, 슬라보예 지젝 등 수많은 학자들의 이론화 작업의 기초가 되었다. 극심한 편집증적 망상에 시달리던 최고급 엘리트 지식인이 자신의 신경병 증상을 소상히 기록한 이 책은 전혀 합리적이지 못한 망상을 지극히 이성적이고 명료한 언어로 기록하고 있어 더욱 충격적이다.

슈레버는 유명한 프로이센 가문 출신이었다. 그의 아버지는 체육의 가치와 여러 종류의 교정 장치의 사용을 강조한 교육자로 명성이 높은 전문의였다. 과학적인 수단을 통해 인간을 더 완전한 존재로 개선할 수 있다는 계몽주의적 확신에 가득 차, 어린 슈레버에게 자신이 고안한 신체 통제 기구들을 사용했다. 아들의 자세를 반듯하게 유지시키고 육체에 건전한 정신을 심어 주기 위해서였다. 그런 기구들로 육체적 압박을 받았던 슈레버는 훗날 편집증적 망상에 시달리게 됐다.

발병하기 전까지 슈레버는 판사로서 성공적인 경력을 쌓았고, 42세

때에는 국가자유당 후보로 제국의회 의원 선거에 출마했다가 낙선하기도 했다. 그해 12월에 심한 건강 염려증과 소리에 대한 과민반응 등으로 라이프치히 대학 정신과에 입원했다가 이듬해 6월에 완치돼 사회로 복귀했다. 그 후 8년간 판사 생활을 계속했고, 1893년에는 드레스덴 고등법원 판사회의 의장으로 승진했는데, 직무 압박감 때문이었는지 그해 10월 말 두 번째로 발병했다.

플레히지히 교수에게 치료를 받으며 그의 망상은 점점 신비주의적이고 종교적인 양상을 보이기 시작했다. 자신이 여자로 변형된다는 망상에 시달렸는데, 나중에는 이 망상 속에서 신과 접촉해 새로운 종류의 인간을 낳을 것이라고 믿게 되었다. 자기에게는 세상을 구해야 할 사명이 있는데, 다만 이것은 자신이 먼저 남자에서 여자로 변한 후에라야 가능하다고 생각해, 거울 앞에서 여자 옷을 입기 시작했다. 그는 신의 공포에 짓눌려 있었는데, 그것은 비록 자신이 순결한 동정녀이긴 하지만 신이 자신을 임신시킬 것이라고 생각했기 때문이다. 마침내 플레히지히 교수가 자신의 영혼을 살해하려는 음모를 꾸미고 있으며, 신이 그 음모에 가담하고 있다는 망상으로까지 나아갔다.

슈레버의 사례는 프로이트가 이 회상록을 자료로 삼아 "편집증 환자 슈레버: 자전적 기록에 의한 정신분석"(한국어판 『프로이트 전집』 11권 『늑대인간』에 수록)을 발표함으로써 세상에 알려지게 되었다. 이 논문에서 프로이트는 슈레버의 망상을 아버지 콤플렉스와 동성애 소망의 결과로 해석했다. 일찍 여읜 아버지에 대한 동성애적 애착이 플레히지히 교수에게 전이돼 박해 망상으로 진전되었다는 것이다. 실현될 수 없고 용납될 수 없는 소망을 부정하는 과정에서 애착이 증오로 바뀌고, 증오에 뒤따르는 두려움이 박해 망상으로 나타난 것이다.

그러나 라캉의 해석은 다르다. 인간관계의 근원인 아버지의 장소가 원래 텅 비어 있다는 것이 문제의 발단이라고 했다. 아버지는 사라진 것이 아니라 아예 처음부터 없었다. 이 공백 상태를 그는 유질(流質, foreclosure)이라고 불렀다. 유질이란 채무자가 채무를 이행하지 않을 때 채권자가 담보물을 임의로 처분한다는 법률 용어다. 라캉의 이 용어는 담보물을 찾을 권리를 상실했다는 것보다는 저당물이 원래 위치에서 '미끄러져' 다른 곳으로 갔다는 것에 더 방점을 두고 있다. 그 담보물이 아버지라고 한다면, 실제로 아버지의 권위는 여러 가지 방식으로 상실될 수 있다. 결국 유질이란 상징계의 핵심적 기표인 아버지의 이름이 상실되었음을 뜻한다. 상징적 권한이 박탈되어 텅 빈 기표가 된 아버지는 아이에게 커다란 상해를 입힐 수 있다. 이것이 슈레버 사례에 대한 라캉의 해석이다.

슈레버 사례를 정신분석이 아니라 정치적으로 해석한 이론도 있다. 독일 출신 노벨 문학상 수상 작가 엘리아스 카네티(Elias Canetti, 1905~1994)는 1960년에 펴낸 『군중과 권력』에서 슈레버 사례가 권력의 본질을 밝히는 데 가장 명백하고 완벽한 실마리를 제공한다고 했다. 슈레버는 망상 속에서 자신이 주변의 수많은 영혼들을 자기 내부로 빨아들여 몸 안에서 파괴한다고 주장했는데, 이런 편집증적 망상이야말로 '군중을 먹이로 삼아 군중으로부터 양분을 끌어내는 권력의 원형'이라는 것이다. 그는 슈레버의 편집증적 망상 체계와 슈레버 사후 등장한 나치즘 체제가 구조적으로 동일하다고 주장했다.

실재계

오르페우스

우리가 보통 현실이라고 부르는 것은 상상계와 상징계의 혼합이다. 이 두 단계만이 우리의 현실이다. 실재계는 전혀 현실이 아니다. 그것은 주체 외부의 영역으로, 언어에 포함되지 않은 텅 빈 공허의 세계이다. 그런데 모든 인간이 이것을 욕망한다. 이 텅 빈 공허의 세계가 바로 라캉의 **실재**다. 라캉은 이 **실재**를 현실적인 실재와 구별하기 위해 'real'의 첫 글자를 대문자로 써서 'the Real'이라고 했다.

실재는 상징계의 밖에 있다. 다시 말해 우리의 현실 밖에 있는, 현실이 아닌, 현실 너머의 어떤 것이다. 경험적 실재와 구별되고, 초감각적 세계의 추상적 실재와도 구별되는 개념이다. 경험적 실재란 우리 주변의 모든 구체적 물건들을 뜻하고, 추상적 실재란 자유, 정의 같은 추상 명사들을 뜻한다. 라캉의 **실재**는 이것들 중 그 어떤 것과도 상관이 없다. 라캉은 이것을 또 대문자 사물(the Thing)로 표기하기도 한다. 일상적 의미의 사물과 구별하기 위해 역시 첫 글자를 대문자로 쓴 것이다.

라캉이 말하는 **실재**는 우리가 상식적으로 생각하는 실체적 물질이 아니라 주체를 삼켜 버리는 절대적 공허, 또는 죽음의 심연이다. 아무 것도 없는 결여 혹은 결핍이다. 인간은 **사물**이라 불리는 이 결핍을 메우기 위해 평생을 방황한다. 이 **사물**로부터 남은 찌꺼기, 즉 잔여물이 바로 대상 a이다. 대상 a는 잠재적 주이상스인데, 우리는 그것이 결여를 메꿔 줄 것으로 기대하지만, 그것 역시 구체적 대상이라기보다는 그 자체가 공허이고 틈새이다. 수많은 임시적 대상들이 그 틈새를 채우려 우리에게 다가오지만 그 어느 것도 우리의 공허를 메워 주는 것은 없다. 라캉이 모든 충동은 죽음의 충동이라고 말한 이유이다.

상징계가 언어적 세계라면 실재계는 언어를 초월하는 언어 밖의 세계이다. 우리의 현실은 언어로 된 세계인데, **실재**는 언어로 표현할 수 없는 세계이기 때문이다. 그것은 언어에 포함되지 않고 언어 외부 또는 주체 외부에 있는 성과 죽음의 차원이다. 결국 실재계는 불안의 대상이다. 그 세계 앞에 서면 모든 단어들이 얼어붙고 모든 범주들이 추락하는 그런 불안의 대상이다. 버크나 칸트에게 '숭고'의 대상이 그러하듯 라캉의 실재계도 형언 불가 또는 불가능성이라는 의미에 가깝다.

상징화를 거부하므로, 즉 언어로 표현될 수 없으므로 실재계는 표상이 불가능하다. 상상할 수 없고 상징계 안에 통합시킬 수도 없어서, 우리는 도저히 그곳에 도달할 수 없다. 현실 속에서는 결코 제시될 수 없지만 우리가 현실과 밀착해 살기 위해서는 반드시 전제되어야 하는 어떤 것이다. 현실 끝에 한계가 있고, 그 한계 너머로 속이 텅 비어 있는 심연이 있다면, 그것이 바로 **실재**다. **실재**는 우리가 결코 접근할 수 없는 끔찍한 한계, 즉 그것을 건드리는 것이 곧 죽음을 의미하는 한계이며, 동시에 그 너머의 공간이다.

그리스 신화의 오르페우스를 생각해 보자. 연인 에우리디케를 지하세계에서 구출해 밖으로 데리고 나오던 오르페우스에게는 결코 뒤를 돌아보지 말라는 금기가 내려진다. 뒤따라오는 연인을 돌아서서 바라보는 순간 연인이 죽을 것이라고 했다. 그러나 한중간에 오르페우스는 참지 못하고 뒤돌아보았고, 연인 에우리디케는 다시 죽었다. **실재**의 은유로 이것만큼 적당한 것이 없다. **실재**에 가까이 가는 것은 치명적인 죽음을 의미한다. 현실과 **실재** 사이에는 근본적 불가능성의 표지가 있다. 우리는 그것을 결코 넘을 수 없고, 거기에 가까이 가기만 해도 죽는다. 그리고 그 너머는 금지되어 있다.

실재는 텅 비어 있는 빈 공간이고, 어쩌면 칸트의 물(物) 자체(Ding an sich, thing itself)와 비슷한 개념이다. 그런데 그것이 우리 욕망의 진짜 대상이라는 것이 아이러니이다.

풍크툼과 실재, 그리고 앤디 워홀

이태원 참사 같은 재난을 겪은 사람들이 오랫동안 떨쳐 버리지 못하는 정신적 스트레스를 트라우마(trauma, 외상外傷)라고 한다. 라캉에 의하면 트라우마란 실재계와의 놓쳐 버린 대면이다. 한번 힐끗 만났으나 순간적으로 놓쳐 버린 실재계와의 조우다.

그러고 보면 실재계는 트라우마를 통해서만 이해되는 세계다. 그 모습이 어떠한지는 도저히 언어로 재현할 수 없다. 그것은 오로지 반복될 뿐이다. 반복은 복제가 아니다. 앤디 워홀의 반복적 이미지들을 우리는 복제라고 쉽게 말해 왔지만, 사실 반복은 대상을 재현하거나 모사한다는 의미가 아니다. 그러므로 앤디 워홀의 작품들은 복제가 아니라 반복이다.

반복은 실재계를 가리는 일종의 스크린이다. 가림막이지만 그러나 이 지점에서 실재계는 반복의 스크린을 찢어 자신을 드러내기도 한다. 이미지에 의해 건드려진 주체의 지각과 의식 사이에서 일어나는 파열의 순간이다.

이 트라우마의 한 지점을 라캉은 아리스토텔레스를 인용하여 '투세(tuché)'라고 불렀다. 롤랑 바르트(Roland Barthes, 1915~1980)의 풍크툼(punctum)과 비슷한 개념이다. 바르트가 1980년의 저서 『밝은 방』(Camera Lucida)에서 제시한 풍크툼은 반점, 얼룩, 점이라는 의미이다. 라캉과 바르트 모두 이것을 '찌르기를 통해 꿰뚫린 지점'으로 재해석했다.

바르트는 풍크툼에 대해 "사진의 장면으로부터 마치 화살처럼 쏘아 올려져 나를 꿰뚫는 요소로서, 내가 사진에 덧붙이는 것이지만, 그럼에도 불구하고 이미 그곳에 존재했던 것"이라고 했다. 침묵 속의 비명처럼 예리하지만 소리 없고, 기이한 모순으로 떠다니는 섬광이라고도 했다. 주체와 세계, 내부와 외부 사이에서 일어나는 이 혼란이 바로 트라우마다.

반복은 얼룩 효과와 밀접한 관계가 있다. 앤디 워홀이 즐겨 사용한 실크스크린 틀의 미끄러짐, 혹은 색채 씻겨 나가기 등의 얼룩 효과는 우리가 놓쳐 버린 실재계와의 대면을 보여 주는 시각적 등가물이다. 그것들은 우연처럼 보이지만 실은 반복적, 자동적, 심지어 기법적인 것이다. 또는 우리의 시각적 무의식이다. 시각적 무의식이란 발터 벤야민(Walter Benjamin, 1892~1940)이 1930년대 초에 사진과 영화 등 현대의 이미지 복제 기술이 보여 주는 잠재의식을 설명하면서 사용한 용어이다. 벤야민이 스펙터클, 대중매체, 그리고 상품 기호에 적용했던 이 개념을 워홀은 30년 후에 자기 식으로 업데이트했다.

워홀의 초기 이미지들 속에서 우리는 텔레비전, 〈라이프〉지, 혹은 〈타임〉지의 시대에 꿈꾸며 살던 사람들이 그 사회를 어떤 모습으로 보았는지, 또 혹은 케네디의 암살, 먼로의 자살, 인종차별적 공격, 자동차 사고 등의 재난 속에서 악몽에 시달리던 희생자들이 그 사회를 어떤 모습으로 보았는지를 알게 된다. 그중에서도 「재난의 앰뷸런스(Ambulance Disaster)」만큼 참혹하고 충격적인 것도 없다. 사고가 난 앰뷸런스의 창문으로 시체가 튀어나와 있는 사진이다. 라캉은 이 작품을 예로 들며 실재계는 트라우마적이라고 했다. 도저히 말로 표현할 수 없는 상실감의 찢어진 얼룩은 실재계를 언뜻 보여주는 하나의 구멍과도 같다고 했다. 이처럼 찌름 번짐 얼룩을 통해 예술은 우리에게 실재계를 얼핏 보여주지만 그러나 그것은 매우 찰나적인 한 순간일 뿐이다.

여자의 장신구

모든 사람이 마스크를 쓰고 다니는 희한한 시대를 우리는 살았었다. 마스크도 일종의 가면이다. 가면은 본래의 얼굴을 가려 가짜의 얼굴을 타인들에게 보여 주는 장치다. 그러나 굳이 가면을 쓰지 않더라도 모든 사물에는 표면과 그 너머 사이에 불일치가 있다는 것을 우리는 잘 알고 있다. 모든 표면은 곧 가면이다. 그것이 사물의 원리다.

근원적으로 모든 생물체는 자신의 본래 모습을 가리고 다른 모습을 앞에 내세운다. 일종의 가면이다. 싸움을 하기 직전 위협적으로 입을 벌리고 포효하는 수컷 동물의 모습은 그 자체가 가면 혹은 분신이다. 이 동물이 필사적인 싸움 속에서 성공하는 것은 바로 이 자신과 분리된 형태, 즉 가면 속에서이다. 생물체의 번식을 위한 결합도 이런 상호간의 분신이 큰 역할을 한다. 남성과 여성을 결합시키는 매혹의 전략 속에서 변장은 매우 중요하다. 왕조시대 서양 귀족의 무도회에서 남성과 여성이 날카롭고 격렬하게 만나는 것은 마스크의 매개를 통해서였다. 현대의 세련된 화장이나 고도의 성형수술 같은 것도 상대방을 매혹시키기 위한 일종의 변장이라 할 수 있다.

그러나 오로지 욕망의 주체인 인간만이 다른 동물들과는 달리 이 상상적 홀림에 완전히 사로잡히지 않는다. 인간만이, 가면은 존재의 분리일 뿐 존재 전체가 아니라는 것, 가면 너머에 본래의 모습이 있다는 것을 안다. 화장이나 성형수술로 아름답게 된 여성을 찬탄하는 한편 끊임없이 '뽀샵'과 성형에 대한 경멸감이 사람들 입에 오르내리는 이유이다.

가장(假裝)은 특히 여성성과 관련이 있다는 통설이 있다. 남자는 남자 그 자체이며 인간이라는 종(種)의 체현인 반면, 여자는 남자의 무언가가 부족한, 다시 말해 거세된 사람이다. 영어로 'man'은 그냥 인간이라는 종이면서 동시에 남자를 뜻하지만 'woman'은 오로지 여자만을 뜻할 뿐이다. 이 거세, 다시 말해 이 결여를 은폐하기 위해 여자들은 장신구라든가 화장이라든가 베일에 의존한다는 것이다.

그러나 라캉은 여성의 장신구가 남근의 결여를 은폐하기 위한 것이 아니라 오히려 남근의 대체물이라고 말한다. 페니스의 부재가 여성들에게 남근을 욕망하게 하고, 따라서 장신구나 베일로 그녀들은 그 결여를 감춘다. 그러나 남근의 속성은 원래 유사물이므로, 그 가면을 벗기면 여전히 그 안에는 여자가 있다. 여자와 마찬가지로 남자도 원천적으로 거세되었으므로 그의 남근을 벗기면 역시 그 뒤에는 여자가 있다는 것이 라캉의 생각이다.

착시화

착시화(트롱프 뢰유 trompe l'oeil)라는 게 있다. 완전히 현실인 듯 착각하게 만드는 그림이다. 뚫려 있는 벽 너머로 긴 복도가 이어지고 그 끝에 발코니가 있는 듯하지만 사실은 캄캄하게 막힌 벽에 솜씨 좋은 화가가 그려 놓은 그림일 뿐이다. 그런데 굳이 '트롱프 뢰유(눈속임)'가 아니라 하더라도 모든 회화는 근본적으로 눈속임 그림이다. 벽에 소나무를 그려 놓으니 진짜 나무인 줄 알고 새들이 와서 머리를 찧고 죽기 일쑤였다는 신라시대 솔거 이야기가 바로 착시화의 한국판 버전이다.

고대 그리스에도 비슷한 일화가 있다. 유명한 화가 제욱시스와 파라시오스는 누가 더 그림을 잘 그리는지를 결정하기 위해 상대방이 모르게 비밀리에 그린 그림을 어느 날 사람들이 많이 지나다니는 회랑(갤러리) 길에서 공개하기로 했다. 우선 제욱시스가 파라시오스를 이긴 듯이 보였다. 포도 그림이었는데 너무나 진짜 같아서 새들이 쪼아 먹으려고 날아들었다. 사람들은 탄성을 질렀다. 의기양양한 제욱시스는 파라시오스 뒤에 둘러쳐진 장막을 가리키며 "자, 이제 자네가 그 뒤에 뭘 그렸는지 한번 보여 주게나"라고 말했다. 그러자 파라시오스는 "이 장막이 바로 그림일세"라고 대답했다. 놀란 제욱시스는 곧바로 자신의 패배를 인정했다. 자기 그림은 새를 속였지만 파라시오스의 그림은 사람, 그것도 화가인 자신의 눈을 속였기 때문이다.

흔히 이것을 완벽한 재현에 대한 우화라고 생각한다. 그러나 라캉은 다르게 해석한다. 제욱시스가 그린 그림에 새들이 달려들었다고 해서 그 포도들이 카라바조의 포도 그림만큼 훌륭하게 재현되었다는 의미는 아닐 것이다. 만약 포도가 그렇게 그려졌다면 새들이 속지도 않았을 것이다. 그림 속의 포도는 가짜이고 단지 실제의 포도와 아주 비슷하게 그려졌을 뿐인데, 단지 아주 비슷하게 묘사되었다는 것만으로 새들이 날아들 이유는 없기 때문이다. 새들이 날아들기 위해서는 포도의 그림 속에 새를 유혹하는, 우리가 무엇인지 알 수 없는 어떤 요소가 들어 있었음에 틀림없다. 파라시오스의 장막 그림도 마찬가지다. 그는 사람을 속이려면 장막을 그려야 한다는 것, 다시 말해 장막 뒤에 무엇이 있는지 궁금하게 만들어야 한다는 것을 분명하게 인식한 심리주의적 화가임에 틀림없다. 그렇다면 이 일화야말로 플라톤이 왜 그토록 격렬하게 그림에 적대감을 보였는지를 말해 주는 아주 적절한 예가 될 것이다.

플라톤은 화가의 그림이 낮은 단계의 진리만을 생산하기 때문에 아무런 가치가 없는 것이라고 강하게 비판했다. 침대를 예로 들어 보면, 하늘에 있는 침대의 이데아만이 실재의 침대다. 그런데 우리 인간 세상에서 사람들은 침대의 이데아를 본뜬 무수한 가짜 침대를 만들어 사용하고 있다. 한편 화가는 그 가짜 침대를 다시 종이 위에 그림으로 그린다. 그러니까 화가의 침대 그림은 진짜 침대로부터 두 단계 더 아래 내려온 낮은 단계의 진리다. 시인의 시도 마찬가지다.

이처럼 진리를 제대로 전달하지 못하는 사람들이 시인과 화가들인데, 이들을 만약 정치가로 중용한다면 그들은 훌륭하게 통치할 수 없을 것이라고 플라톤은 주장했다. 진리에서 멀리 떨어진 이미지들을 생산하는 시인이나 화가들은 사람들의 정신 속에 나쁜 효과를 일으켜, 큰 것과 작은 것도 구분하지 못하게 하고, 똑같은 물건을 어느 때는 크게 또 어느 때는 작게 생각하게 만들기 때문이라고 했다. 한마디로 시인이나 화가들은 사람들의 이성을 훼손시키면서 정신 속의 낮고 비천한 부분들만을 깨우고, 장려하고, 강화한다고 했다.

화가가 사람들을 오도하고 타락시키는 것은 실재를 제대로 재현하지 못하기 때문에, 다시 말해 우리에게 진실을 제대로 보여 주지 못하기 때문이라는 게 플라톤의 생각이다. 얼핏, 불완전한 재현이 문제라는 듯 해석될 수도 있다. 그러나 라캉의 해석은 여기서도 번뜩이는 통찰력을 보여 준다. 플라톤은 회화가 대상의 환영적(幻影的) 등가물이 아니라는 점을 일찍이 간파했다는 것이다. 즉, 회화는 실재의 대상을 최대한 있는 그대로의 모습으로 종이 위에 가짜로 그려 놓은 게 아니라는 것이다.

대상을 그대로 재현하는 것이 예술이라면, 우리는 아무것도 불안해 할 필요가 없다. 그림은 실제 대상의 재현에 불과할 뿐이고, 그것 너머에는 실제의 사물이 있고, 우리는 그 실제 사물을 아주 잘 알고 있으므로 모든 게 편안하고 안심이 될 것이다. 칸트 식으로 말하면, 현상의 뒤에는 물 자체가 있고, 우리는 그것에 대해 아무것도 알 수 없고, 그러니까 모든 게 상관없고 모든 게 잘될 것이기 때문이다. 그러나 플라톤은 회화의 비밀을 일찍이 알아차린 것이다.

눈속임 그림에서 우리의 관심을 끌고 우리를 즐겁게 하는 순간이 언제인지를 생각해 보면 문제의 핵심을 이해할 수 있다. 우리의 시선을 조금 옆으로 움직였는데, 그림이 더 이상 우리의 시선을 인도하지 않고 그림 옆에는 그저 밋밋한 벽이 있을 뿐이라는 것을 깨닫는 순간, 그리하여 이 모든 게 순전히 눈속임일 뿐이었다는 것을 깨닫는 바로 그 순간 우리는 파안대소하며 즐거워한다. 그때 우리는 "아, 이게 그림이었어?"라며 유쾌한 속임수에 감탄한다. 여기서 모든 게 분명해진다. 회화는 대상의 환영적 등가물이 아니었다. 가상현실 같은 환영을 주는 착시화의 경우에 있어서조차 우리에게 즐거움을 주는 것은 현상과 그 너머 사이의 분리와 불일치를 확인하는 순간이다.

그렇다면 그림은 현상과 경쟁하는 장르가 아니다. 그것은 플라톤이 현상의 너머에 있다고 말하는 이데아와 경쟁한다. 플라톤이 마치 자기 자신의 활동과 경쟁하는 활동이기라도 한 듯 회화를 공격한 이유가 바로 이 때문이었다고 라캉은 말한다. 화가는 자신이 그리는 대상과 한 치의 오차도 없이 똑같이 그리겠다는 일념으로 사진 같은 그림을 그리는 게 아니라, 다만 회화 그 자체를 그리기 위해 회화를 그리는 것이다.

그렇다면 그 현상의 너머에 있는, 라캉이 회화 자체라고 말한 그것은 무엇인가? 이것이 현대 숭고 미학의 출발점이다. 라캉 이론의 핵심인 **실재**도 바로 이것이다.

노자의 항아리

우리 욕망의 최종적인 대상은 **실재**인데, 그 **실재**를 라캉은 대문자 **사물**로 표기하기도 했다. **실재**건 **사물**이건, 그 요체는 아무것도 없이 텅 빈 공허이다. 완벽한 행복감의 근원으로 여겨지지만 실은 죽음을 닮은 치명적이고 불길한 공허다. 왜냐하면 **실재**, 즉 **사물**은 주체의 죽음이므로, 이런 **실재**로의 접근을 막아 주는 것이 상징계의 **법**이다. **법**은 우리에게 **실재**의 대체물인 기표들에 만족하여 살도록 강요한다. 기표는 그런 점에서 실재 앞에 막아선 스크린이다. 그런데 우리는 그것도 모르고 **실재**를 지시하는, 다시 말해 **실재**의 대체물인 기표들을 욕망한다. 대체물에 불과한 기표들이 결코 우리에게 완전한 만족을 줄 수 없는데도. 그럼 기표들 너머에 있는 것으로 알려진 허공의 **사물**은 어디에 위치해 있는가? 그것은 기표들에 선행하여 처음부터 존재하는 것이 아니라 오히려 기표들에 의해 생산된다. 라캉은 현실의 기표들과 **실재**의 공허 사이의 관계를 설명하기 위해 하이데거의 우화를 재인용한다. 하이데거는 **사물**(das Ding)을 분석하기 위해 노자의 『도덕경』에 나오는 도공과 항아리의 우화를 인용했다. 노자는 항아리를 쓸모 있게 하는 것은 도공이 흙으로 빚어낸 항아리가 아니라 항아리 안의 빈 공간이라고 했다.

흔히 항아리는 도공이 빚어낸 도자기 부분만 중요한 것으로 우리는 생각한다. 그러나 항아리의 본질은 한가운데에 텅 비어 있는 공간이다. 가운데 빈 공간이 없다면 항아리는 제 기능을 발휘하지 못한다. 도공이 항아리를 만드는 것은 바로 이 텅 빈 공간을 만들어 내기 위해서다. 그러나 이 공허는 항아리가 완성되기 이전에는 존재하지 않았다. 텅 빈 공간이 먼저 있고 그 주위로 도공이 흙 반죽을 둘러싸 항아리를 빚은 것이 아니다. 도공이 흙으로 도자기의 형태를 빚어 놓으니 그 가운데에 텅 빈 공간이 생긴 것이다. 항아리의 공허는 도공이 그것을 만들 때 동시에 생겨난 것이다.

실재의 공허도 마찬가지다. 그것은 처음부터 존재하는 것이 아니었다. 나의 욕망이 지극히 물질적인 어떤 실체를 대상으로 세워 놓으니 거기에 공허가 생긴 것이다. **실재** 또는 **사물**의 텅 빈 공간은 욕망이나 기표들에 앞서서 존재하는 것이 아니다. 그것은 욕망 또는 기표들과 함께 동시에 생겨나 존재하게 되었다. 그러니까 뭔가를 욕망할 때마다 우리는 그 욕망의 기표들을 마치 도자기 굽듯 둥글게 빚어 한가운데 공허를 만들어 내고 있는 것이다.

삶을 살아가며 우리는 언제나 뭔가를 욕망한다. 사랑일 수도 있고, 사회적 성공일 수도 있고, 아니면 자그마한 물건일 수도 있다. 그러나 그 목표들을 달성할 때마다 거기엔 언제나 좀 더 큰 욕망이 우리를 기다리고 있다. 어쩌면 우리 욕망의 대상들은 우리가 진짜로 원했던 것이 아니었는지도 모른다. 그것은 아무것도 없는 결핍, 즉 공허에 불과한데 그 공허에 다가가지 못해 안달을 하며 평생 불만과 불행에 시달리며 살고 있는 것인지 모른다. 우리가 진짜로 원하지만 좀처럼 우리의 욕망을 충족시켜 줄 수 없어 항상 우리를 불행하게 만드는 더 큰 욕망의 대상, 그것이 바로 **실재** 혹은 **사물**이다.

라캉에 따르면 우리는 언제고 이 **사물**을 다시 발견할 수밖에 없는데, 그것은 기껏해야 분실물로서 발견된다. 그것도 온전한 상태로 발견하는 것이 아니라 다만 그것이 주는 쾌감을 연상하기만 할 뿐이다. 따라서 주체에게 있어서 **사물**은 절대적 타자이다. 모형을 만들거나 모사하거나 은유로 만들 수 없는, 그 모든 것을 다 하고도 남는 어떤 잔여, 혹은 견고한 핵심이 바로 **실재** 또는 **사물**이다.

욕망의 대상은 공허

사랑의 불가능성

우리의 일생은 처음부터 끝까지 욕망으로 되어 있다. 청소년은 나이키 신발을 갖고 싶다는 욕망을 갖고 있고, 누군가는 스타벅스의 굿즈를 받으려 안달이고, 누군가는 베스트셀러 소설을 쓸 욕망에 밤을 지새우며, 또 다른 누군가는 국회의원이 되려는 게 평생의 꿈이고, 정치인이 되면 또 대통령이 되고 싶다는 꿈을 꾼다. 인간의 일생은 욕망으로 점철되어 있다.

이상하게도 인간은 자기가 욕망하던 것을 얻었음에도 결코 만족하지 못한다. 원하던 명품 백을 사 보았자 곧 시들해지고, 사회적 성공을 이룬 듯해도 자기보다 더 성공한 사람이 수두룩하여 공허감은 채워지지 않는다. 원하던 최고 자리의 대통령에 올라 보아도 결국 행복감을 느끼지 못하고 자살로 마감하기도 한다. 그것들은 모두 기표에 불과한 것이기 때문이다. 그리고 기표는 어디까지나 빈 껍데기이기 때문이다.

그렇다면 기표 너머에 있는 우리의 최종적인 욕망의 대상은 실체가 있는 것인가? 그것 역시 실체가 없는 텅 빈 공허라고 라캉은 말한다. 따라서 우리의 욕망은 결코 충족될 수 없다. 욕망은 상징계의 질서에 갇혀 그 너머로 나아가지 못하는데, 그 너머가 바로 실재계다. 실재계란 욕망이 최종적 목표로 삼는 지점이자 절대로 도달할 수 없는 세계다.

그 세계는 상징계가 균열을 일으키거나 구멍이 뚫릴 때 언뜻언뜻

드러날 뿐이다. 어쩌면 실재계는 어머니의 자궁 같은 곳이어서, 주체의 원초적 현실이자 균열 없는 충만한 세계이며 안과 밖의 구분도, 대상과 주체의 구분도 없는 세계다. 실재계는 때로 환각으로 때로 광기로 드러나기도 하며, 예술적 영감의 원천으로 작용하기도 한다. 어떠한 경우에도 가 닿을 수 없고 어떠한 경우에도 포기할 수 없는 이 모순적 대상이야말로 욕망의 궁극적 귀착점이다.

대상 a를 잠시 다시 복기해 보면, 그것은 우리 욕망의 구체적 대상이 아니라 욕망을 일으키는 원인으로서의 대상이다. 그러니까 내 욕망의 대상과 나 사이에 대상 a가 있다. 그런데 대상 a는 텅 비어 있는 결여의 상태다. 일종의 투명 스크린이다. 그 결핍의 상태가 욕망을 만들어 낸다. 어떤 물건을 보고 그 물건에 욕심이 생기는 것이 아니라, 욕심이 먼저 있고 그 다음에 욕심의 대상이 생겨나는 것이다. 대상은 욕망 뒤에 오는 것이다(*Seminar X: Anxiety*, p. 101).

사랑도 마찬가지다. 구체적인 한 남자 혹은 한 여자에게 사랑을 느껴 상대방을 사랑하고 욕망하는 것이 아니라, 사랑하고 싶다는 욕망이 먼저 있고, 그것을 채우기 위해 한 사람을 선택한 것일 뿐이다. 다시 말하면 사랑은 텅 빈 기표다. 이 기표를 차지한 연인은 단지 우연히 이 빈 장소를 점유한 자일 뿐이다. 특정 대상을 보고 사랑의 감정이 시작된 것이 아니라, 사랑이라는 대상 a가 먼저 있었고, 그 다음 우연히 내 앞에 등장한 사람을 그 안에 넣었다는 것이다. 이것이 사랑의 진실이다.

당연히 우리는 있는 그대로의 상대방의 모습을 사랑하는 것이 아니라 자신의 환상 속에서 변모시키고 미화하고 윤색한 대상을 사랑한다. 평범한 인간을 실제 이상으로 높이 평가한다는 이야기다. 결국 평범한 대상이 숭고하게 만들어진다. 연인들은 평범한 대상의 불완전함을 괄호 안에 넣고, 결점을 잘라 내고, 그것들을 보이지 않게 만들면서 상대방을 미화한다. 그것은 타자를 절단하는 행위이며, 욕망의 폭력이다. 결국 진정한 사랑은 환상일 뿐 근원적으로 사랑은 불가능하다.

실제로 욕망, 섹슈얼리티 그리고 대상 a의 작동에는 매우 폭력적이고 비인간적인 무언가가 있다. "나는 당신을 사랑해, 그러나 당신 안에 있는 당신보다 더한 어떤 것, 즉 대상 a를 사랑하기 때문에 나는 당신을 절단해", 또는 "나는 나 자신을 당신에게 선물로 줘……. 그러나 이 선물은 언제고 오물(shit)로 변할 수 있어"라고 라캉은 가상 속 연인들의 대사를 읊조려 본다. 환상 속에서 완벽하게 아름답고 고귀한 연인은 현실 속에서 언제고 오물(汚物)로 추락할 수 있다(Seminar XI, p. 268).

대상 a는 욕망의 대상을 숭고하게 만들지만, 그 숭고한 대상을 한순간에 오물로 만들어버린다. 욕망의 대상은 대상 a의 대체물이지, 대상 a 그 자체는 아니기 때문이다. 대체물은 제아무리 숭고해 보인다 해도 여전히 대체물이다. 하나의 대상이 갑자기 숭고에서 오물로 변하는 것은 그것이 **사물**의 구멍을 결코 실질적으로 채워 주지 못하기 때문이다. **사물**은 부재 혹은 결여일 뿐이고, 그 성스러운 자리를 이미 차지하고 있거나 아니면 차지할 권리를 요구하고 있는 모든 것들은 원천적으로 오물이다. 그것들은 결코 자기 임무를 수행할 수 없는 쓰레기 더미에 불과하다. 숭고함으로 덧씌워졌던 대상은 그저 평범한 대상일 뿐, **사물**의 공허를 채워 줄 숭고한 대상은 아니었다.

빛을 받아 아름답게 빛나던 사람은 대상 a가 그 빛을 거두면 언제든지 다른 존재로 바뀔 수 있다. 한없이 위대해 보이던 사람, 또는 한없이 아름답던 사람이 한순간에 추락하여 보잘것없는 존재가 되는 사례를 우리는 너무나 많이 보았다. 숭고한 성배도 종국에는 한 덩이의 똥으로 변할 수 있다(지젝, *The Fragile Absolute*, p. 23). 이것이 판타지의 본질이다. 버크도 『숭고론』에서 비슷한 이야기를 하고 있다. 그는 힘이 곧 숭고이고, 그래서 힘 빠진 맹수나 권좌를 빼앗긴 권력자들은 순식간에 조롱거리로 전락한다고 했다.

숭고한 대상이면서 동시에 오물이라는 이 정반대의 함의를 가진 불가해한 정체는 라캉의 대상 a에 깊이 새겨져 있는 핵심적 성질이다. 언제고 어떤 하나는 다른 하나로 바뀔 수 있다.

성관계는 없다

라캉의 제20 세미나『앙코르』에서 가장 놀라운 구절 중 하나는 "성관계란 없다"는 것이다. 성관계가 아예 없다는 뜻이 아니라, 진정한 성관계란 없다는 이야기다.

라캉은 남성과 여성이 상호 보완적이지 않다고 생각한다. 이들은 한데 결합하여 통일을 이룰 수 있는 두 개의 반쪽이 아니다. 마침내 그는 "사랑은 광기"라고까지 말한다.

성관계 없는 사랑이라면 중세 유럽의 궁정식 사랑(courtly love)을 떠올리지 않을 수 없다. 11세기 말 아키텐, 프로방스, 샹파뉴, 부르고뉴 공국, 시칠리아의 노르만 왕국 등에서 성행했던 귀부인과 기사 사이의 사랑 이야기다. 초서, 단테, 페트라르카 등 르네상스 시대 작가들이 즐겨 쓰면서 특유의 문학적 용어가 되었다. 에로틱한 욕망을 배제하고 정신적 고양을 추구했으며, 합법적 결혼의 테두리는 벗어나 있지만 도덕적이고, 열정적이지만 절제가 있고, 지극히 인간적이지만 초월적인 그런 사랑의 방식이다.

라캉은 이런 궁정식 연애에 대해 "자기 스스로 성관계에 장애물을 설치한 척함으로써 성관계의 부재를 보충하는 아주 세련된 방식"이라고 했다. 궁정식 사랑이야말로 불가능한 사랑의 원형이라 할 만하다. 사랑을 방해하는 장애물에 대한 사랑이며, 성관계의 부재를 교묘하게 타협하는 우아한 방식이다.

인공지능에서 가끔 역전이 일어난다. 처음에는 컴퓨터로 인간 사고를 시뮬레이션하며, 가급적이면 모형을 인간 원본에 가깝게 하려고 한다. 그러다가 어떤 지점에 이르면 "이 모형이 이미 원본 그 자체가 아닐까?"라는 의구심이 생긴다. 인간이 인공지능을 만든 것이 아니라, 인공지능이 먼저 있고 그것에 의해 프로그램되어 마치 컴퓨터처럼 작동하는 것이 우리 인간의 지능 아닌가라는 의심이 그것이다. 영화 「매트릭스」(1999)의 주제가 바로 이것이었다. 처음에는 한낱 현실의 은유적 시뮬레이션 혹은 밋밋한 모방에 불과하던 것이 나중에는 역전되어 오히려 피와 살이 있는 현실의 인간이 모방하는 대상-원형이 되는 것이다.

성관계에서도 그런 일이 일어난다. 우리는 보통 자위를 상상적 성행위로, 즉 파트너와의 육체적 접촉을 상상만 하는 행위로 생각한다. 그러나 반대로, 현실적 파트너와의 온전한 성행위가 실은 자위이고, 환상 속의 자위행위가 오히려 실제적 성행위가 아닐까라고 의심해 볼 수도 있다. 그렇다면 남자의 파트너는 여자가 아니라 환상의 대상으로 환원된 대상 a로서의 여자다. 남자는 대상 a를 실질적으로 손에 넣기 위해 한 여자를 수단으로 사용할 뿐, 결코 실제적 인간으로서 그에게 애착을 갖는 게 아니라는 이야기다. 이렇게 라캉은 남근적 향유를 본질적으로 자위적인 것으로 정의한다.

우리의 현실은 언제나 환상에 의해 틀지어지기 때문에 그 경험은 언제나 역전되는 것이 사실이다. 즉, 환상이 먼저 있고 그 다음에 실재가 있다. 실재적인 어떤 것이 현실의 일부로서 경험되기 위해서는 그것은 우리의 환상 속 공간의 예정된 좌표에 합치해야만 한다. 이상적 남성 혹은 여성의 모습을 미리 상정해 놓고 그에 최대한 맞는 사람을 연애 대상으로 삼는 젊은이들의 사랑 패턴도 그런 것이다. 성행위도 마찬가지다. 실제 사람과의 성행위 이전에 우리의 환상-각본 속에는 상상된 성행위의 원형이 있고, 우리는 그 원형에 맞게 성행위를 하면서 욕망과 판타지를 일치시키는 것이다.

그래서 라캉은 "성관계 같은 건 없다"고 했다(*Seminar XX: Encore*, p. 12). 섹슈얼리티는 결코 양립하고 보완하고 서로 만족시켜 한 몸이 되는 두 사람의 행위가 아니라는 의미다. 섹스에서 각자는 자기 스스로 욕구를 충족시킨다는 사실을 그는 환기한다. 물론 타인의 육체가 매개되기는 하지만 최종적으로 쾌락은 언제나 자신의 쾌락일 뿐이다. 섹스는 분리시킬 뿐, 결합시키는 게 아니다. 당신이 나체로 상대방의 몸에 몸을 밀착시키고 있다는 것은 이미지, 또는 상상적 표상에 불과하다. 실제로 쾌락은 당신을 아주 먼 곳으로, 상대방으로부터 아주 먼 곳으로 데리고 간다. 성관계의 진실은 나르시시즘이고, 두 사람이 결속되었다는 것은 환상에 불과하다. 그러므로 성관계 같은 것은 없다.

들뢰즈 식으로 말해 보면 성관계와 관련된 성기들은 '신체 없는 기관'으로 기능한다. 리비도적 강렬함이 투입된 이 기관들은 주체의 신체로부터 분리된 최소한의 한 부분이다. 성관계를 하는 것은 주체 자신이 아니라 주체의 '저 밖에 있는' 기관들이다. 주체는 결코 이 기관들과 자신을 직접적으로 동일시할 수 없고, 완전히 그것을 '자기 자신의 것'으로 받아들일 수도 없다. 성적 행위는 주체의 내밀한 관계가 아니라 말하자면 '외-밀한' 관계다. 심지어 가장 강렬한 성적 행위 속에서도 거기 참여하고 있는 주체는 자기 자신의 활동을 무기력하게 수동적으로 바라보는 관찰자의 시선으로 축소된다.

당연히 성적 욕망과 사랑은 구분된다. 말년의 라캉은 비록 사랑이 욕망을 포함하고 있다 하더라도 욕망과 사랑은 정반대라고 말했다. 욕망은 신체의 부분대상과 함께 신체와 관계를 맺는다. 다시 말하면 욕망은 성적으로 매력 있는 육체적 성질들을 대상으로 삼는다. 반면 사랑은 사랑받는 사람의 존재의 전체성을 겨냥한다. 욕망은 부분을 겨냥하고 사랑은 전체를 겨냥한다.

사랑은 타인의 존재에 가까이 가려는 시도이고, 자기 자신의 나르시시즘을 넘어선다. 타인을 받아들이고, 그 혹은 그녀가 당신과 함께 자기 자신으로 존재하도록 만든다. 그러나 섹스는 타인을 매개로 하여 당신 자신과 관계를 가질 뿐이다. 타인은 당신이 쾌락을 발견하도록 도와줄 뿐이다. 대부분의 경우 우리는 대상 a 주변에 집중된 판타지를 유지하기 위해 타자를 절단하고, 자르고, 편집할 뿐이다. 결국 이것은 여자를 섹스 돌(sex doll)의 지위로 축소시키는 것이다. 어쩌면 섹스 돌에 대한 거부감은 그것이 무서운 무의식의 진실을 미러링하고 있기 때문인지 모른다. 즉, 흔히 사람들이 사랑이라고 말하는 그 사랑이란 실제로는 인간을 섹스 사물로 전환시킨 결과라는 것을.

여자는 남자의 증상

"여자는 남자의 증상이다."

이것은 라캉의 가장 악명 높은 반여성주의적 테제이다. 그의 증상 개념은 여러 번 변했지만 근본적인 애매성은 이 테제로부터 생겨났다.

의학적으로 증상(症狀, symptom)은 두통, 치통, 이명, 어지럼증과 같이 환자 자신만 알고 다른 사람에게는 보이지 않는 병적 상태를 말한다. 이처럼 환자가 자각적으로 인식하는 것이 증상이라면, 황달·발열·출혈과 같이 타인의 눈에도 분명하게 보이는 모든 종류의 병적 상태는 징후(徵候, sign)다. 라캉의 용어에서 증상이 암호화된 메시지를 의미하는 것이라면, '여자가 남자의 증상'이라는 것은 결국 남자의 추락을 의미한다.

여기서 프로이트와 동시대인이었으며 악명 높은 반여성주의자이자, 반유대주의자였던 오토 바이닝거(Otto Weininger, 1880~1903)가 떠오른다. 바이닝거의『성과 성격』은 극단적으로 여성을 부정한 책이다. 책에 의하면 남성은 능동적이고 윤리-논리적인 데 반해 여성은 수동적이고 비윤리-비논리적이다. 또 여성은 본질적으로 성적인 기능에 종속되는 반면 남성은 성에서 벗어난 추상적인 사랑, 즉 신을 내면에서 찾는 성스러운 사랑을 추구한다. 여자는 존재론적으로 남자의 구현물에 지나지 않아 스스로 존재할 수 없기 때문에 그냥 파괴시켜 버려야 할 대상에 불과하다. 여자를 제거하려면 우선 남자가 자신의 욕망을 정화하고 순수한 정신성으로 고양되기만 하면 된다. 여자를 사랑이나 욕망의 대상으로 삼지 않고 완전히 무관심하게 대하면 자동적으로 여자는 발 밑의 근거를 잃으면서 허물어진다는 것이다.

그는 유대인과 동성애자도 여성과 같은 수준에서 비판했다. 기독교와 달리 유대교는 영혼의 관념이나 선악의 구분이 없고 뿌리 깊이 물질주의적이어서, 굳이 구분하자면 여성적이라고 했다. 남자 동성애자 또한 심리적으로는 여성에 해당한다고 했다. 더 나아가 자신의 시대가 그 어느 시대보다 여성적이라며 그 퇴폐성을 개탄했다. 바이닝거는 23세에 자살했는데, 아이러니하게도 그 자신이 동성애자이며 유대인이었다.

바이닝거가 가장 존경한 인물은 바그너였다. 그는 바그너를 예수 이후 가장 위대한 남자라고 했다. 여성 파멸의 기본적 논리를 빌려온 것도 바그너의 오페라 「파르지팔」에서였다. 「파르지팔」에서 여자는 말 그대로 남자의 증상이다.

「파르지팔」은 성배(聖杯, Holy Grail)와 성창(聖槍, Holy Lance)의 이야기다. 성배는 복음서에 나오는 예수와 열두 제자의 최후의 만찬에 사용된 잔이다. 이때 예수는 "이것은 나의 몸이고 이것은 나의 피이니 이것을 먹고 마실 때마다 너희는 나를 기억하라"고 이야기했다. 이 일화가 중세의 성배 전설로 이어진다. 성창은 예수가 십자가에 매달려 사망한 후 로마 병사가 그의 죽음을 확인하기 위해 예수의 옆구리를 찔렀던 창으로, 이 병사의 이름을 따서 흔히 '롱기누스의 창'이라고 한다. 이 창은 켈트족 전설에 나오는 항상 피가 묻어 있는 창의 이야기와 맞물려서 성배 못지않게 중세인들의 상상력을 자극했다. 파르지팔이 암포르타스 왕의 상처를 치유한 것도 창 끝을 암포르타스의 상처에 대는 단순한 방식을 통해서였다. "당신을 상처 입힌 창만이 당신을 치료할 수 있다"라는 유명한 격언은 바로 이 구절에서 나온 것이다.

「파르지팔」의 무대는 성배와 성창이 보관되어 있는 스페인의 몬살바트 성, 이 보물들을 수호하기 위한 성배기사단이 있고, 기사단장은 암포르타스 왕이다. 몬살바트 성 근처 숲에는 마법에 걸린 여인들을 거느리고 있는 마법사 클링조르가 있다. 마녀들은 지속적으로 성배수

호기사단의 기사들을 유혹하여 타락시키면서 성배 수호 임무를 방해한다. 쿤드리도 그중 한 명이다. 평소에는 매우 순수하고 순박한 여성이지만 클링조르의 마법이 작동되면 남자를 유혹하는 마녀가 된다.

클링조르를 처단하기 위해 성창을 들고 클링조르의 본거지로 쳐들어간 암포르타스는 오히려 클링조르에게 성창을 빼앗기고, 싸움 도중 성창에 찔려 큰 부상을 입는다. 상처는 온갖 약과 치료법을 다 써도 낫지 않고 오히려 고통만 심해진다. 성배의 메시지는 "순수한 바보가 나타나 당신을 고통으로부터 벗어나게 해 줄 테니 참고 기다리라"는 것뿐.

이 '순수한 바보'가 바로 파르지팔이다. 자기 이름도 모르던 바보 소년이 나중에 왕이 되었다. 나중에 기사단에 합류한 파르지팔이 클링조르의 성으로 쳐들어가자 클링조르는 쿤드리에게 파르지팔을 유혹하라고 명령한다. 아름다운 여인으로 변한 쿤드리는 파르지팔에게 "당신의 이름이 파르지팔"이라고 알려준다. 두 사람이 키스를 하던 중 파르지팔은 갑자기 가슴에 통증을 느끼고 쓰러진다. 그리고는 몬살바트 성에서 성배 의식을 치를 때 암포르타스가 괴로워하던 장면이 떠오른다. 암포르타스가 느꼈던 고통을 파르지팔도 느끼게 된 것이다. 놀란 쿤드리가 자신을 받아 달라고 애원하지만, 쿤드리가 자신을 유혹하고 있다는 것을 깨달은 파르지팔은 쿤드리를 밀어낸다. 그러자 그녀는 말을 잃고 그림자로 변하면서 쓰러져 죽는다.

마녀 쿤드리는 주인의 목소리나 명령에 의해서만 자극을 받는 여인이었다. 이는 그녀가 남성의 응시를 끄는 한에서만 존재했다는 증거다.

그러나 파르지팔이 자신의 욕망을 정화하고 그녀를 거부하자 그녀는 숨을 거둔 것이다. 여자는 남자가 자신의 욕망에서 정념적 잔여물을 정화해 내기만 하면 허물어지고 만다는 바이닝거의 논리를 정확히 방증해 주는 사례다. 상식적으로 우리는 여자가 남자를 타락시키는 외적인 능동적 원인이라고 생각하지만, 오히려 여자가 단지 남자의 타락의 결과이고 그 구현물에 불과할 뿐이라는 것을 이 오페라는 보여 준다.

그렇다면 남자가 자신의 남근성을 극복함으로써 여자를 파괴하고, 그 파괴는 궁극적으로 여성의 구원이 된다는 바이닝거의 주장은 설득력이 있어 보인다. 여자는 남근적 향유에 종속되어 있으며, 남자의 증상이었다. 남자가 자신의 요구를 거절할 것을 요구하는 게임까지 벌이며, 스스로는 남근적 향유를 포기함으로써 남자를 구원하기까지 한다.

그런데 바로 이 부분에서 "여자는 남자의 증상이다"라는 명제가 전도되고, 증상과 주체의 관계도 역전된다. 처음에는 여자가 남자에게 종속된 것이 확실해 보였다. 하지만 증상은 주체의 모든 존재론적 일관성을 보여 주고 있는 것이므로, 여자가 남자의 증상이라는 것은 오히려 남자가 여자에게 종속되었다는 의미가 된다. 남자의 존재는 증상 속에 '외화(外化)'되어 있기 때문에, 증상이 해소되면 주체 역시 발 밑에서 근거를 잃고 허물어지기 때문이다. 다시 말해 남자의 전(全) 존재는 '저기 바깥' 여자 안에 놓여 있어서, 말 그대로 탈-존재(ex-ist, 실존)했다. 즉, 밖에 존재했다. 반면 여자는 밖에서 실존(exist)하는 것이 아니라 끈질기게 안에서-존재(ins-ist, 고집)하고 있었다.

물론 일반적으로 여성은 남성들의 욕망의 대상이 되기를 욕망한다. 여성들이 유난스레 타인의 시선에 신경을 쓰는 것도 다 남성의 환상의 틀에 맞추기 위한 것이다. 하지만 동시에 여성들은 파트너에 훨씬 덜 의존적이다. 남성들이 자신의 환상의 틀에 맞는 여성을 직접적으로 욕망하는 반면, 여성들은 이런 욕망에서 대부분 비켜나 있다. 통속적으로 말하면, 남자가 여자를 속이고 바람을 피우기 위해서는 실제 또는 상상의 파트너가 반드시 필요하지만, 여성은 심지어 혼자만으로도 남성을 속이고 바람을 피울 수 있다. "남자는 필요 없어. 남자라면 남동생도 싫다니까"라며 유쾌한 수다를 풀어내는 시골 아줌마들의 관광지 풍경이 TV 화면에 뜬다.

여성의 궁극적 파트너는 남근 너머 주이상스의 자리에 있는 고독 그 자체이기 때문이다. 여자 안의 무언가가 남자와의 관계를 벗어나 있다. 여자는 전혀 남자를 통해서만 존재하는 사람이 아니다. 이제 그녀는 더 이상 남근적 향유에 연연하지 않는다. 그러고 보면 오히려 남자가 여성화되었다는 게 더 정확한 말일 것이다.

독일의 유명한 영화감독 지버베르크(Hans-Jürgen Syberberg, 1935~)의 해석이 이 반전을 탁월하게 보여 준다. 1982년에 나온 영화 「파르지팔」에서 지버베르크는 쿤드리의 키스를 거부한 '결정적 전환' 순간 이후의 파르지팔 역을 여자배우에게 맡겼다.

하기는 '여자는 남자의 증상'이 역전된 사례는 오페라의 역사 안에 이미 벌써 많이 있다. 글루크의 오페라 「오르페우스와 에우리디케」에서 오르페우스 역은 여성 음역의 목소리를 내는 카스트라토가 노래했고, 「피가로의 결혼」에서 백작의 라이벌인 케루비노 역도 소프라노가 노래했다. 「파르지팔」에서 불구가 된 암포르타스 왕의 상대역 역시 남성의 목소리를 가진 여자 가수가 했다. 여자 옷을 입고 고음의 여자 목소리를 흉내 내는 남자 배우의 역할에서 지젝은 히치콕의 「사이코」 마지막 장면에 나오는 노먼 베이츠 부인의 이미지를 떠올린다. 남자 목소리를 사용하는 냉정한 여자의 기괴한 환영은 남근적 유사물을 던져버린 남자와 대칭을 이루는 일종의 음화(陰畫, negative)라는 것이다.

판타지, 허구

벤담과 라캉

사회계약

중고등학교 사회 과목에서 한번쯤 사회계약론을 들어 본 적이 있을 것이다. 근대 민주주의 체제는 사회계약론에 바탕을 두고 있다. 계몽주의 철학자 루소의 책 제목이기도 한 사회계약론은 한마디로 국민과 정부가 계약을 맺었다는 것이다. 즉, 일반 국민은 위정자들에게 자신의 권리를 다 양도하고 그 대신 위정자로부터 안보와 치안과 복지를 보장받았다는 것이다. 이런 약속을 기반으로 국가가 형성되었으며, 이 약속이 사회계약이다. 사회계약은 주권자 개개인 상호 간의 약속이며 지배자에 대한 국민의 복종을 뜻하는 것은 아니라는 게 원래의 이념이지만, 실제로 우리는 국가의 지배를 받으며 국가에 절대 복종하고 있다.

그런데 사회'계약'이라는 말은 이상하지 않은가? 내가 언제 위정자와 계약을 맺은 적이 있는가? 민주주의 사회에서 국민 개개인은 결코 실제로 계약을 맺은 적이 없다. 그럼에도 불구하고 마치 내가 애초에 계약을 맺었다는 듯이, 나는 현재의 정치 체제를 인정하며 살고 있다. 국민의 그 누구도 계약을 맺은 적이 없으므로 사회계약이라는 논리는 완전한 허구다.

개인과 법의 관계는 또 어떤가? 운전 중 법을 어긴 운전자에게 교통경찰이 딱지를 뗄 때, "나는 관련 도로교통법을 알지 못하므로 무죄다"라고 말하는 사람은 없다. 국가는 국민 모두가 법조문을 완벽하게 알고 있는 것으로 간주하고 법을 집행한다. 한 개인이 법조문 안에 무엇이 금지되어 있는지 모르고 있다는 사실은 전혀 그를 무죄로 만들어주지 않는다. 국가는 법전 전체에 대한 지식을 모든 주체에게 귀속시킨다. 법에 대한 무지가 죄를 면해 주지 않는다는 것은 사법체계의 근본적 전제이다. 그러나 실상 국민은 그 누구도 법조문 전체를 알지 못한다. 그렇다면 국민 전체가 법을 다 알고 있는 것으로 간주하는 법체계는 완전한 허구다.

허구란 실체가 없는 허황된 사실이어서 허약하기 짝이 없는 가상에 불과하다고 우리는 생각했었다. 그러나 알고 보니 국가나 법 같은, 그토록 견고한 기관과 제도들이 한갓 허구의 기초 위에 세워져 있었던 것이다. 더욱 놀라운 것은, 이러한 허구가 없다면 법체계나 국가 전체가 붕괴하고 만다는 사실이다. 사회계약을 맺었다는 허구가 없다면 국가는 무너지고, 모든 국민이 법조문을 잘 알고 있다는 허구가 없다면 법은 더 이상 기능할 수 없다. 국가가 존속하기 위해, 또는 법적 담론이 기능하기 위해서는 명백히 허구인 이런 일련의 가상들을 전제로 해야만 한다. 허구는 어쩌면 실체보다 더 중요하고, 실체를 지탱해 주는 가장 중요한 토대일지 모른다.

두 종류의 허구

벤담(Jeremy Bentham, 1748~1832)은 두 종류의 허구를 구분했다. 첫 번째는 허구인 것 같지만 실질적으로는 실체인 허구이고, 두 번째는 실체인 것 같지만 실질적으로는 상상의 것인 허구이다.

우선 허구는 허위와는 다르다. '가짜'나 '틀린 것'이라는 의미가 아니고, 다만 아직 실현되지 않아 실체가 없다는 의미다. 앞으로 언제고 실현될 수 있는 가능태(可能態)이거나 혹은 잠재태(潜在態)이다. 그것이 현실로 실현되면 실체가 되고, 실현되지 않으면 허구로 남아 있게 된다. 반면, 상상적인 것은 똑같이 현실이 아니지만, 아예 현실에 없는 어떤 것을 머릿속에서 그냥 만들어 낸 이미지이다.

계약은 첫 번째의 허구, 즉 허구인 것 같지만 실질적으로는 실체인 허구이다. 모든 계약은 그냥 종잇장 위에 적혀 있는 허구에 불과하지만 이 허구에 의해서 실제의 행위들이 규정되고 구성된다. 그러므로 계약은 허구적이지만 상상적이지는 않다. 이것은 내가 머릿속에서 꾸며 낸 상상적 표상이 아니다. 나름의 권능을 통해 일련의 실제 효과들을 초래하는 도구이다. 계약은 나로 하여금 의무라는 실제 행위를 이행하도록 강제하며, 손해라는 또 다른 종류의 실제 효과를 나에게 발생시킨다. 의무니 손해니 하는 강력하고 무시무시한 강제들은 모두 계약이라는 허구의 영역으로부터 발생한다. 이 막강한 실체적 힘들은 계약이라는 허약한 허구가 없었다면 결코 실현되지 못했을 것들이다. 따라서 계약은 허구이면서 사실은 허구가 아니라 실체다. 허구적 실체인 것이다.

한편 '황금의 산'이라는 대상은 계약보다 우리의 감각적 현실에 훨씬 더 가깝다. 계약의 조항을 우리는 손으로 만질 수 없지만, 황금으로 이루어진 산은, 만약 그것이 있다면, 손으로 만질 수 있다. 그것의 기원도 지극히 현실적이다. 산과 황금이라는 두 개의 실재적 표상을 결합하고 있기 때문이다. 산도 실체고 황금도 실체다. 그런데 이 두 개의 실체를 합쳐 놓은 결과물은 계약보다 훨씬 덜 실재적이다. 왜냐하면 그것은 이 세상에 존재하지 않는 어떤 것이기 때문이다.

유니콘의 경우도 마찬가지다. 몸통은 말과 같으나 사슴의 머리를 갖고 있으며, 코끼리의 발, 멧돼지의 꼬리가 달려 있고 굵은 소리로 부르짖는다. 이마 한복판에는 한 개의 검은 뿔이 돋아 있는데 그 길이가 두 큐빗에 이른다고 플리니우스는 『박물지』에서 묘사했다. 말이니 사슴은 모두 현실 속에 있는 실체이고, 검은 뿔도 현실 속에 있는 물건이다. 이처럼 온통 현실적인 물건들을 다 합쳐 놓았는데 그 결과물은 전혀 실체가 아닌 일각수(uni-corn)라는 괴수였다. 황금의 산이나 유니콘은 비록 감각적인 질료들로 이루어져 있다 해도 결과적으로는 상상적 비(非)실체이다.

언어의 속성 또한 허구

결국 벤담은 언어 자체의 속성도 허구라는 결론에 이르게 되었다.

"허구적 실체들은 언어에게만, 오로지 언어에게만 자신들의 존재를 빚지고 있다. 자신들의 불가능한, 그러나 없어서는 안 될 존재를 말이다."

허구적 실체들을 이용하지 않고는 말하는 것조차 가능하지 않다는 것을 그는 깨달았다.

계약 같은 법률적·규범적 개념만이 허구의 속성을 가진 것은 아니다. 구체적 사물의 운동이나 상태를 표현하는 언어 또한 허구적이다. 예컨대 물이 흐른다는 움직임에서 우리는 물의 '흐름'이라는 명사를 만들어 냈다. 이때 흐름은 그 어떤 실체적 실재성도 소유하고 있지 않다. 아무런 실체가 없다는 점에서 그것은 그저 허구일 뿐이다. 흐르는 것이 물이냐 눈물이냐, 라는 실재가 정해져야만 그것은 어떤 실제적 흐름이 되는 것이다. 또 '이 탁자는 무겁다'라는 상태에서 우리는 탁자의 '무게'라는 명사를 만들어 냈다. 그러나 무게라는 명사의 실체는 없다. 그것은 허구일 뿐이다. 탁자 혹은 의자라는 실재가 채워져야만 무게는 실체의 무게가 되는 것이다.

그러나 아직 허구 상태의 이 허구들이 없으면 모든 언어는 담화로서 존재하기가 어렵다. 나는 허구들이 비실재적이라는 것, 다시 말해 실체가 아니라는 것을 안다. 하지만 그럼에도 불구하고 나는 그것들이 실재적 대상인 양 말하고 있다. 가장 구체적인 현실을 말하려면 우리는 반드시 가장 허구적인 허구에 의지해야만 한다. 이것이 바로 우리의 언어 관행이다.

내 눈앞의 공간을 차지하고 있는 물건, 혹은 내 마음속에 지나가고 있는 생각에 대해 나는 허구의 방식이 아니고는 말할 수도 없고, 생각할 수도 없다. 우리는 진실이 견고한 진실인 줄 알았는데 알고 보니 허구의 지탱 없이는 단 한순간도 일관성과 견고성을 유지하지 못하고 무너져 내리는 허약한 것이었다. 결국 벤담은 라캉보다 200년 앞서서 진실은 허구의 구조를 갖고 있다는 것을 깨달은 최초의 인물이었다.

벤담은 영국의 정치 사상가, "최대다수의 최대 행복"을 주창한 공리주의(功利主義, Utilitarianism) 철학자이다. 그러나 엉뚱하게도 감옥 건물을 설계했으며 그 설계도가 인간을 감시하는 최적의 원리라는 것이 푸코에 의해 재조명되면서 일약 현대 감시 체제인 판옵티콘의 창시자가 되었다. 그리고 이어서, 푸코의 판옵티콘만큼 떠들썩하지는 않았지만, 라캉과 지젝에 의해 허구론이 인용되면서, 그는 다시 한 번 매우 현대적인 철학의 중심인물이 되었다.

허구를 포기하면 현실 자체가 무너져

허구는 환상(fantasy), 환영(幻影, illusion)과 거의 동의어다. 컴퓨터 용어의 가상현실(virtual reality)도 역시 허구의 영역이다. 현실은 당연히 허구가 아니어서, 현실을 위해 허구를 멀리해야 한다고 우리는 굳게 믿고 있다. 환상은 현실과 대척점에 있어서 실제와는 무관한 것이라고 우리는 철석같이 믿고 있다. 허구를 모든 악의 원천으로, 또는 억제되어야 할 혼동의 원천으로 취급한다. 허황된 꿈을 쫓는 젊은이에게 어른들은 환상을 쫓지 말고 현실로 돌아오라고 충고한다. 그러나 허구 또는 가상을 포기하는 순간 우리는 현실 그 자체를 상실한다. 허구를 빼면 현실은 담론적·논리적 일관성을 잃어버리기 때문이다.

허구의 자리에 그것과 동의어인 판타지 또는 꿈을 대입해 보면 그제서야 우리는 깨닫게 된다. 현실에서 판타지를 빼는 순간, 현실 그 자체가 아예 무너진다고. 판타지는 단순히 상상이 아니라 오히려 우리로 하여금 현실로 접근할 수 있게 해 주는 작은 상상의 조각이라고. 우리의 기본적 판타지가 부서졌을 때 우리는 현실 그 자체를 상실한다. 놀라운 일 아닌가. 현실과는 상극인 환상을 제거하면 가장 견고한 현실적 인간이 될 수 있을 것 같은데, 오히려 환상의 몰락이 현실의 몰락을 자초하다니.

대상 a와 코카콜라

코카콜라(코크)는 맥도널드와 함께 자본주의의 상징이다. 아프리카 오지에 가서도 코카콜라나 맥도널드 광고판만 보면 안심하게 된다는 이야기가 있다. 식음료를 위생적으로 해결할 수 있다는 안도감 때문이다. 혹은 좌파적 성향의 사람이라면 "여기까지 미국 자본주의가 침입

했구나" 하고 개탄할 것이다.

자본주의의 핵심은 잉여가치의 역동성에 있다. 자본의 축적도 교환 가치의 발생도 모두 잉여가치에서 발생한다. 재화의 세상에 잉여가치가 있다면 리비도의 영역에는 잉여-쾌락(surplus-enjoyment)이 있을 것이다. 지젝은 자본주의 최고의 상품인 코카콜라와 개인 리비도의 잉여-쾌락을 비교했다.

잉여가치-잉여쾌락-초자아

코카콜라는 처음부터 기호식품은 아니었고 애초에는 약품이었다. 사람들이 난생 처음 맛보는 이상한 맛이어서 아무런 만족감을 주지 않았다. 설탕물처럼 누구나 마시면 금방 맛있거나 기분이 좋아지는 게 아니었다. 물이나 맥주나 와인처럼 갈증을 해소해 주거나 마음을 편안하게 해 주는 직접적 사용-가치도 없었다. 그런데 이상하게 표준적 만족을 넘어서는 신비한 뭔가가 뒷맛으로 남았다. 그저 단순히 '그것(it)'이라고 부를 수 있는, 마치 미지의 대상에 붙이는 X자의 표지 같은 그런 순수 잉여쾌락이었다. 그 후 사람들은 모두 이 상품을 충동적으로 소비하게 되었다.

'코크, 바로 그거야!(Coke is it!)'라는 광고가 있었다. 그 후 우리는 명품 백을 '잇백(It bag)'이라고 지칭하는 광고 담론을 접하게 되었다(광고를 이해하는 데도 라캉의 대상 a 정도는 알고 있어야 한다!). 역설적이게도 코크는 평범한 코모디티(commodity, 일용품)가 아니다. 즉, 초고가의 명품 백처럼 처음의 사용가치가 탈물질화되어 나중에 순수 (교환)가치의 아우라 (Aura)적 차원으로 올라가는 그런 일용품이 아니다. 그것의 매우 특이한 사용가치 자체가 이미 말로 설명할 수 없는 정신적 초감각적 잉여의 아우라를 직접적으로 체화하고 있는 그런 일용품이다.

달콤쌉싸름한 맛의 콜라는 마시면 마실수록 더욱 더 갈증을 느끼게 만드는 이상한 성질의 음료다. 아무리 마셔도 우리의 갈증은 채워지지 않고, 더욱 더 우리를 목마르게 만든다. 그것이 바로 콜라의 잉여적 성격이다. 콜라에는 우리의 갈증을 해소해 준다는 사용가치가 전혀 없다. 그것은 처음부터 이미 정신적 잉여가치를 직접 체화하고 있는 그런 제품이었다. '바로 그거(it)'라는 애매모호한 말은, 이 제품이 결코 그것이 아니라는 역설적인 얘기였다.

이쯤에서 마르크스의 잉여가치, 라캉의 잉여쾌락, 프로이트의 초자아가 모두 비슷한 성질을 갖고 있다는 것이 드러난다. 코크는 마시면 마실수록 더 갈증을 느낀다. 돈은 벌면 벌수록 더 욕심이 생긴다. 초자아의 명령에 복종하면 할수록 당신은 더욱더 죄의식을 느낀다. 빚은 갚으면 갚을수록 더 많이 빚지게 된다. 간절히 원하던 것을 가지면 가질수록 당신은 더욱 결핍을 느낀다.

우리의 욕망의 원인인 대상 a는 그리로 가까이 가면 갈수록 당신으로부터 멀어지고, 그것을 소유하면 할수록 결핍은 더욱더 커진다. 거기에 도달할 수 없다는 사실 때문에 욕망은 더욱 증가되고 강화된다. 내면의 공허를 채우려 시도하면 할수록 우리는 더욱 욕망하게 된다. 진흙 속에 빠진 차를 생각해 보라. 빠져나오려 바퀴를 돌리면 돌릴수록 그것은 더욱더 진흙 속에 빠져든다.

지젝이 코카콜라를 대상 a와 비교한 이유이다. 우리는 콜라가 정확히 우리를 만족시키지 못하기 때문에 그것을 즐겨 마신다. 마치 그것이 우리를 만족시켜 준다는 듯 "바로 그거야"라고 말하는 것은 완전한 거짓말이다. 대상 a도 코크도 '그것'은 아니다. 왜냐하면 인간은 원래 불가능한 대상을 추구하고, 공허 혹은 무를 추구하고 있으니까. 이 세상에 '그것'(It)은 있을 수 없으니까.

코크의 몰락

그런데 카페인 프리의 다이어트 콜라가 나왔다. 원래 우리가 음료를 마시는 것은 세 가지 이유 때문이다. 갈증을 해소해 주거나, 영양학적 가치가 있거나, 맛이 있거나. 그런데 카페인 프리 다이어트 콜라의 경우, 애초부터 영양학적 가치는 없었고, 갈증을 해소해 주지도 않으며, 맛의 주요 요소였던 카페인 또한 제거되었다. 남아 있는 것은 순전히 겉모습뿐이고, 결코 물질화되지 못한 가공적 약속일 뿐이다. 그러니까 카페인 프리 다이어트 콜라를 마신다는 것은 우리가 '뭔가의 가장(假裝) 아래에서 거의 실질적으로 아무것도 아닌' 음료를 마신다는 것과 같다.

여기서 니체의 고전적 허무주의가 떠오른다. 니체는 '아무것도 원하지 않음(wanting nothing)'과 적극적으로 '아무것도 아님(Nothingness)' 그 자체를 원하는 두 자세의 대립을 보여 주었다. 니체의 견해를 흉내 내어 라캉은 거식증 환자가 단순히 '아무것도 먹지 않을' 뿐만 아니라 '아무것도 아님', 즉 텅 비어 있는 공허 그 자체를 적극적으로 원한다는 것을 강조한 적이 있다. 이 공허야말로 그 자체로 욕망의 궁극의 대상-원인이다. 오스트리아의 정신분석가 에른스트 크리스(Ernst Kris)가 예로 들었던 그 유명한 환자의 경우가 그랬다. 비록 자신이 아무것도 훔치지 않았음에도 불구하고 그는 도둑질에 죄의식을 느끼고 있었다. 다시 말하거니와 그가 훔치는 것은 '아무것도 아님' 그 자체였다. 그러므로 카페인 프리 다이어트 콜라의 경우 우리는 '아무것도 아님' 그 자체를 마시는 거였다. 다시 말해 실제로 허공을 감싸고 있는 깡통에 불과한 그 순수 유사의 성질을.

콜라가 숭고한 맛을 갖기 위해서는 차가운 온도와 방금 딴 것이라는 조건이 맞아야 한다. '숭고한'이라는 말이 너무 숭고하고 낯설다면 '고급의' 맛으로 바꿔 불러도 괜찮다. 욕망의 대상, 섹스 파트너, 일상용품 등도 마찬가지다. 아름답게 빛나기 위해서는 나름의 환상적 무대장치, 화려한 옷차림과 화장, 세련된 색채와 형태가 필요할 것이다. 그 역할을 하는 것이 대상 a다.

그런데 원래 숭고한 것이라고 생각했던 아우라가 일시에 몰락하면 남는 것은 쓰레기뿐이다. 콜라의 김이 빠지면 우리는 그것을 쏟아 버린다. 타자로부터 대상 a가 떠나 버리면 우리의 욕망도 마치 김빠진 콜라 같아진다. 카리스마가 넘치고 능력이 출중하여 한없이 존경하던 어느 개인이 노쇠하거나 사회적 지위를 상실하여 초라하게 되었을 때 사람들은 그에 대한 존경심을 거둔다. 단순히 존경심을 거두는 것이 아니라 경멸하기까지 한다. 숭고에서 대상 a가 빠지면 대상은 오물로 변한다. 이 지점에서 신기하게도 라캉은 에드먼드 버크의 숭고론과 조우한다. 버크는 인간에게서 또는 동물에게서 힘이 빠질 때 거기서 숭고도 사라진다고 했다.

화폐와 주체

은행 화폐가 나오기 전까지 유통되던 화폐는 자기 자신의 가치만을 보장하는 상품이었다. 다른 모든 상품처럼 금화도 단지 그것의 현실적 가치만큼 가치가 있었다. 즉, 금화 한 닢은 금화 한 닢 분량의 금만큼의 값어치가 있었다.

그런데 오늘날의 화폐는 그 자체로는 아주 미미한 값 밖에 나가지 않는 종잇장일 뿐인데 상품을 구입할 때는 엄청난 가치가 부여된다. 본래는 아무 가치도 없던 종잇장이 고가의 지폐로 변한 것이다. 예를 들어 5만 원짜리 지폐는 그 자체로는 아무 가치가 없는 한갓 인쇄된 종잇장에 불과한데 실제로는 5만 원 값어치의 물건을 사는 데 쓰인다. 이건 순전히 상상적 가치이지, 그 화폐의 실질적 가치와는 아무 상관이 없다.

브라이언 로트먼에 의하면 '상상적 화폐'라는 매개항이 필요하게 된 것은 금 화폐의 물리적 가치 하락 때문이었다(Brian Rotman, *Signifying*

Nothing, 1987). 금화가 한참 유통되다 보면 좋은 화폐와 나쁜 화폐가 생겨나게 마련이다. 새로 주조된 순수하고 때 묻지 않은 금화는 좋은 화폐이고, 닳아서 마모된 금화는 나쁜 화폐다. 그 사이에는 필연적으로 간극이 생기게 된다. 금화 자체의 가치에 따라 화폐의 값이 정해졌으므로 닳아서 낡게 된 금화는 당연히 화폐 가치가 떨어지게 마련이다. 화폐 자체의 값과는 상관없이 인위적으로 정해진 가치에 따라 물건의 매매에 사용할 수 있는 화폐가 있으면 좋겠다고 사람들은 생각하게 되었을 것이다.

상업 국가들에서 이른바 '은행 화폐(은행권)'라고 하는 새로운 형태의 화폐가 출현한 것은 바로 이런 필요 때문이었다. 그것은 정확히 중앙은행이나 조폐국의 기준에 따르는, 즉 사용에 의해 가치가 저하되지 않는 화폐였다. 하지만 바로 그렇기 때문에 그 화폐는 체화(體化)되지 않았으며, 오로지 상상의 참조점으로서만 존재하게 되었다. 정확히 말하면 그것은 은행과 개인 사이에서의 약정으로서만 존재했다. 즉, 어떤 특정의 상인이 이 종잇장을 은행에 제시하면 은행은 그에게 일정한 금화를 지불하겠다고 약속하는 종이로서 존재했다. 이런 방식으로 상인은 은행으로부터 화폐의 실재적 가치를 보장받았다.

이제 화폐는 하나의 상품이 되어 좋은 화폐, 나쁜 화폐로 나뉘었다. 종이 화폐는 좋은 화폐이지만 단지 상상적인 화폐일 뿐이고, 금화는 마모되어 나쁜 화폐이지만 경험적으로 존재하는, 다시 말해 우리의 눈과 손이 구체적으로 지각할 수 있는 화폐였다. 종이 화폐를 기준으로 하여 금화의 가격도 측정할 수 있게 되었다.

상상적 화폐는 처음에는 특정 수취인의 서명에만 직증(直證)하는 방식이었다. 즉, 은행이 발행한 종이에 이름이 적혀 있는 개별 상인에게만 은행이 금화를 주겠다고 보증하는 금융적 약속이었다. 그러나 차츰 이 직증적 약속은 비인격화되어 누구라도 화폐를 들고 오는 사람이 있으면 그에게 지폐에 적힌 액수의 금-등가물을 지불하겠다는 방식으로 바뀌었다. 구체적인 날짜와 이름이 적힌 특정의 지참자가 익명의 지참자로 바뀐 것이다. 이렇게 해서 화폐와 개인을 직결시켰던 연결고리가 끊기게 되었다.

익명의 지참자는 철학 용어로 주체와 꼭 닮았다. 화폐의 경우에도 익명의 지참자는 중립적 보편적 기능만을 갖고 있는 것은 아니었다. 아무나 화폐를 들고 갔다고 해서 은행이 아무 말없이 금을 내주지는 않았을 것이다. 현대 사회에서도 고액의 자기앞수표를 은행에 들고 가기만 하면 은행이 지참자에게 즉각 돈을 바꿔 주지 않는다. 말끔한 옷차림과 매너 있는 태도는 기본이다. 노숙자 차림을 하고 가면 은행원이 아예 처음부터 의심의 눈초리로 아래위를 훑어볼 것이다. 다음에는 이 수표가 어디서 나왔는지, 무슨 목적으로 사용될 것인지를 밝혀야 할 것이다. 원칙적으로 수표는 그것을 지참한 누구에게나 돈을 지불하도록 되어 있지만, 즉 추상적이고 보편적인 익명성의 원리로 만들어진 화폐이지만, 실제로는 그렇지 않다.

라캉 철학에서의 주체도 마찬가지다. 만약 주체가 자신의 정체성을 획득하려 한다면 그의 보편성은 현실적 실존으로 가득 채워져야 한다. 다시 말하면 비어 있는 보편성 안에 자신의 경험적 특징들을 우연적 변수로 채워 넣어야만 한다. 이렇게 해서 그의 특수한 인격이라는 실증적 내용이 구성된다. 라캉에 의하면 'S(주체)'가 빗금 쳐진 '$'로 변환되는 순간이다. 이때 빗금을 쳤다는 것은 자신의 파토스적 특수성, 자기 존재의 중핵을 희생했다는 의미다. 자기 존재는 정당하고 당당하다고 나름 생각하고 있는데, 은행원은 그건 아무것도 아니고 주민등록증과 인감증명만이 필요하다는 것이다. 주체도 마찬가지다. 온갖 감정과 진지함으로 나의 존재는 충만해 있는데 사람들은 그건 아무것도 아니고 나의 학벌과 부모의 직업만이 중요하다는 것이다. 나는 아무것도 되돌려받지 못하면서 '$'로서, 즉 자기와의 관계가 텅 비어 있는 지점으로서의 나 자신을 얻는다. 그 대가로 내가 타자로부터 얻은 것은 아무것도 아니다. 이것이 라캉의 빗금 쳐진 주체($)다. 이 텅 빈 코기토가 새로 얻은 실증적, 경험적 내용은 우연적이고 자신과는 궁극적으로 아무 상관이 없다.

사회적 정체성의 층위도 마찬가지다. 미국에 이민 간 사람들은 그 문화 속에 통합되어 살아야 한다. 그런데 그들이 스스로를 미국에 사는 한국인, 미국에 사는 일본인 등으로 자각하는 한 그들의 정체성은 그 사회 안에서 특수한 것으로 남는다. 그러나 그들이 스스로를 한국이나 일본이라는 우연적 요소를 지닌 미국인으로 생각하기 시작하면, 다시 말해 한국계 미국인, 일본계 미국인으로 자각하게 되면 그때 그들은 완벽하게 미국인이 되는 것이다.

역사적으로 종이 화폐란 어떤 것을 아무것도 아닌 것과 교환했을 때 출현했다. 즉, 금이라는 아주 귀한 금속을 종이라는 아무것도 아닌 것과 교환했을 때 종이 화폐가 생겨난 것이다. 라캉의 주체도 어떤 것을 아무것도 아닌 것과 교환할 때 출현한다. 자신의 핵심적인 요소를 희생시키고 아무것도 아닌 것을 얻은 것이다.

그런데 현대는 종이 화폐를 넘어서고 크레딧 카드도 서서히 지나 스마트폰으로 결제하거나 컴퓨터 클릭 한 번으로 결제하는 시대가 되었다. 그럼 '나'라는 주체는 어떤 것을 주고 무엇을 받았는가? '아무것도 아닌 것'조차 받지 못한 것 아닌가.

쓰고 나서

라캉과 숭고 미학

미국 인기 드라마 「스타트렉」에서 제임스 커크 선장을 연기했던 캐나다 원로 배우 윌리엄 섀트너는 2021년 10월 우주여행을 다녀온 후 "내가 본 모든 것은 죽음이었다. 그곳은 차갑고 캄캄한 검은 공허함이었다"고 했다. 역사상 최고령(90세) 우주인인 그의 말은 라캉의 실재계를 강력하게 떠올린다.

섀트너는 "우주의 잔인한 차가움이 생명체를 키우는 지구의 따뜻함과 대조를 이뤘고, 그것은 나를 벅찬 슬픔으로 가득 채웠다"고도 했다. 우주에서 기대했던 어떤 신비도 경외심도 느낄 수 없었으며, 그것은 마치 장례식과도 같은 슬픈 경험이었다고 했다. 우리의 타는 듯한 욕망의 대상, 다시 말해 라캉이 **사물**, 또는 **실재**라고 이름 붙인 숭고(崇高, the Sublime)의 세계 또한 이처럼 잔인하고 슬픈 공허함의 세계가 아닐까.

칸트에서도 라캉에서도 '숭고'가 문제다. 숭고란 무엇인가?

승화(昇華, sublimation)란 고체가 액체를 거치지 않고 직접 기화(氣化)하는(또는 그 반대) 현상이다. 중세의 연금술사들이 발견하여 숭고함의 상징으로 삼았다. 프로이트는 리비도가 물질적 대상으로부터 표면상 욕구와는 아무 상관이 없는 대상으로 변모하는 과정을 묘사하는 데 이 용어를 사용하였다. 예컨대 사랑하는 사람에 대한 육체적 욕망을 신의 사랑 같은 것으로 변모시키는 것이다. 우리도 흔히 일상생활 속에서 "그녀는 실연의 아픈 체험을 승화시켜 높은 예술의 경지를 이루었다" 같은 말들을 한다.

그러나 라캉이 프로이트를 재해석하면서 이 과정은 역전된다. 리비도는 물질에서 추상적인 것으로 올라가는 것이 아니라, 오히려 추상적 욕망으로부터 구체적이고 물질적인 욕구의 대상으로 전환된다. 이 구체적 욕구의 대상이 **사물**의 자리를 차지하는 순간 이것은 숭고의 성질을 띠게 된다. 예컨대 어머니는 원래 숭고한 것이 아니었다. 오히려 그녀는 상징화의 한가운데에 있는 공(空)을 지시하고 있기 때문에 숭고하게 된다.

숭고한 대상은 기본적으로 공허이고, '기의(記意) 저편의 것'이다. 아무것도 아닌 공허이지만, 이 공허가 없다면 아무런 의미도 발생하지 않을 것이다. 이 '저 너머'를 의미하는 대상들은 그러니까 무한하게 매력적이고, 두렵고, 위압적이고, 혹은 그저 단순히 숭고하다.

숭고의 대상이 허공(void)이라는 라캉의 기본 개념은 칸트의 숭고 미

학 이론을 강하게 떠올린다. 숭고의 대상은 언어로 재현할 수 없는 비
(非)상징적 세계라는 것 역시 칸트의 연장선상에 있다. 라캉은 다만 거
기에 실재 또는 사물이라는 이름을 붙였고, 일상적 어법과 구별하기
위해 그 단어들의 첫 글자를 'the Real', 'the Thing'으로 대문자로 표기
했다는 것만 다를 뿐이다.

주체의 분리 또한 라캉의 일종의 강박적 주제다. 여기서 우리는 '언
표 행위의 주체'와 '언표된 것의 주체'에 대한 라캉적 구분과 만난다.
즉, '말하는 나'와 '말해진 나'는 구별되고 분리된다는 얘기다. 그렇게
분리된 '나'가 손가락으로 가리키면서 "저것이 나다"라고 말할 수 있
는 모든 언표된 내용은 '나'가 아니다. 실질적 존재로서의 나는 오로지
거기에 남아 있는 텅 빈 공간일 뿐, 모든 내용이 와서 가득 채워야 할
비어 있는 틈새일 뿐이라는 것이다. 현대인의 정신분열적 불안감이 바
로 여기서 기인하는 것이 아닐까 싶다.

라캉의 저서는 『에크리』와 『세미나』가 있다.

논문집 『에크리』는 이론적으로나 인식론적으로나 동질적이지 않
다. 약 30년간의 연구의 산물인 이 책은 프랑스어 원서로 거의 천 페이
지에 달한다. 여러 가지 이유로 읽기가 매우 어렵다. 누군가는 『에크
리』가 독자로 하여금 정신분석과 유사한 경험을 겪게끔 한다고 말하
기도 한다. 열정, 지식에 대한 욕망, 전이 등을 모두 갖추고 있다는 것
이다. 『에크리』를 읽는 독자는 정신분석 환자의 투쟁과 같은 끝없는
투쟁을 준비해야 한다는 얘기다.

모든 프랑스의 철학자들이 그렇듯이 라캉도 프랑스 문학 전통 내에서 작업하고 있다. 그래서 그는 셰익스피어, 에드거 앨런 포, 마르그리트 뒤라스 등 작가들의 문학작품을 자기 철학 개념의 예시로 사용하고 있다.

현대의 가장 인기 있는 철학자 중의 한 사람인 슬라보예 지젝은 자신의 문화비평적 글쓰기 거의 전체를 라캉의 개념에 의거하고 있다. 어려운 라캉의 이론을 대중화했다고 할 수 있다. 물론 지젝의 글 자체도 매우 어려워 일반 독자들은 접근하기 어렵다.

편집을 맡아주신 김세중 교수께 고마움을 표하며, 이 책이 라캉과 지젝, 두 어려운 철학자로 안내하는 작은 지름길이 되었기를, 그리고 인간에 대한 좀 더 깊은 이해의 실마리가 되었기를 빈다.

2023년 3월
박정자

바로 곁에 라캉

라캉으로 현대 소비문화 읽기

초판 1쇄 발행 2023년 6월 28일

지은이 박정자
펴낸이 안병훈
펴낸곳 도서출판 기파랑
등 록 2004. 12. 27 제300-2004-204호
주 소 서울시 종로구 대학로8가길 56 동숭빌딩 301호   우편번호 03086
전 화 02-763-8996(편집부) 02-3288-0077(영업마케팅부)
팩 스 02-763-8936
이메일 info@guiparang.com
홈페이지 www.guiparang.com

ISBN 978-89-6523-520-0   03100